U0541145

善本金融

中国特色金融的新范式

陆建强 / 主编

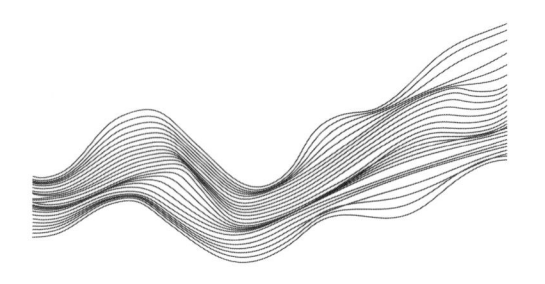

中信出版集团 | 北京

图书在版编目（CIP）数据

善本金融 / 陆建强主编 . -- 北京：中信出版社，
2024.6
ISBN 978-7-5217-6528-1

Ⅰ.①善… Ⅱ.①陆… Ⅲ.①金融－商业服务－研究－中国 Ⅳ.①F832

中国国家版本馆 CIP 数据核字（2024）第 082721 号

善本金融
主编：　　陆建强
出版发行：中信出版集团股份有限公司
　　　　　（北京市朝阳区东三环北路 27 号嘉铭中心　邮编 100020）
承印者：　北京通州皇家印刷厂

开本：787mm×1092mm 1/16　　印张：14.5　　字数：128 千字
版次：2024 年 6 月第 1 版　　　　印次：2024 年 6 月第 1 次印刷
书号：ISBN 978-7-5217-6528-1
定价：69.00 元

版权所有·侵权必究
如有印刷、装订问题，本公司负责调换。
服务热线：400-600-8099
投稿邮箱：author@citicpub.com

前言

善本金融：读懂中国金融变革逻辑

对金融的争论源自现代经济发展中对金融的功能和作用的评价。西方经济的现代性，主要体现在科技和金融上。资本逻辑也在很大程度上体现为金融资本的逻辑，抑或金融资本对于经济社会发展作用的探寻。由此，中国式现代化也必然对金融提出特别的要求，最核心的是对金融的定位和站位的反思，并由此开启对金融理论的全面创新。2023年10月召开的中央金融工作会议及随后召开的省部级金融高质量发展主题研讨班，释放了一系列重大信号，其要义就是要走中国特色金融发展之路。无论是金融强国还是中国特色金融高质量发展之路，都呼唤着金融理论的创新。

这是一个需要理论而且一定能够产生理论的时代

方向决定道路，理论指引实践。当西方主流金融理论对中国金融发展的解释力减弱，就需要用中国视角、中国逻辑来总结和升华，这是金融发展史、现代金融本质内涵、中国式现代化的必然要求。基于此，我们提出了"善本金融"的理论创新，从社会价值角度审视金融逻辑，明确金融本源并确立金融服务功能为第一性，由此导正金融供给侧结构性改革方向；在此基础上，把"善"的基因嵌入金融服务基本逻辑，使之成为风险管理的重要尺度，构建信贷"抑恶扬善"的评价体系，推动"金融向善"与"客户崇善"同向同行，营建以人民为中心、以善为本的发展生态，形成金融服务中国式现代化新范式。

第一，推进中国金融理论的创新，是我们这一代金融人的责任担当。党的十八大以来，金融系统为如期全面建成小康社会、实现第一个百年奋斗目标做出了重要贡献。二十大又明确提出中国式现代化伟大目标，以此为指导，审视金融发展的内在逻辑，校正其发展方向，可以说是中国金融理论创新的思想起点。中国式现代化的五大特点，特别是共同富裕、精神物质的协调发展等目标，定格了中国金融的价值取向，也确立了中国金融理论创新的基本方向。中央金融工作会议首次提出"金融强国"建设，坚定不移走中国特色金融发展之路。历史经验表明，社会经济大变革的时代，一定是哲学社会科学大发展的时代。在这样的时代背景下，我们推进中国金融理论创新，既是责任担当，又正当其时、恰逢其势。

第二，推进中国金融理论的创新，是基于金融服务不能完全

满足社会需求的现实。问题导向始终是我们理论研究的实践起点。40多年的改革开放，我们的金融体系日趋完善，但金融发展的问题也日渐突出，这里不仅包括我国自身金融服务的问题，也包括西方现代金融的弊病，诸如逐利性带来的只有锦上添花而没有雪中送炭，以及为追求利益最大化而开展的各类脱实向虚的伪创新，等等。中央金融工作会议也着重指出，"金融领域各种矛盾和问题相互交织、相互影响，有的还很突出，经济金融风险隐患仍然较多，金融服务实体经济的质效不高……"，都是金融理论反思和创新的切入口。

第三，推进中国金融理论的创新，必须全面总结和反思现代西方金融理论。从西方金融理论发展中汲取教训经验至关重要，可以说是中国金融理论创新的逻辑起点。现代西方金融发展史走过三四百年的历程，从依附实体到脱离实体再到控制实体，其中有金融的内在逻辑的作用，更有资本逻辑的僭越。金融发展了现代经济，也分化了现代经济。尤其是金融资本形成后，大量社会财富以金融资产形式集中在少数金融机构手中，按照金融资本的逻辑独立运动。资本的逐利性导致资本无序扩张也几乎成为必然，并逐步控制西方社会。因此，如何从现代西方金融发展逻辑中汲取经验，是中国金融理论创新的重要路径。

第四，推进中国金融理论的创新，要坚持"两个结合"，从中华优秀传统文化中汲取智慧。马克思主义金融理论及其中国化发展，赋予金融工作高度的政治性、人民性，强化"国之大者"

的使命担当，使得金融服务不偏离"为人民服务"的价值坐标。2023 年 10 月底召开的中央金融工作会议提出，要把马克思主义金融理论同中华优秀传统文化相结合，即"第二个结合"，并要求"在金融系统大力弘扬中华优秀传统文化"。在几千年的历史演进中，中华民族创造了灿烂的古代文明，形成了关于国家制度和国家治理的丰富思想，是中国金融理论创新的文化起点。自先秦时代起，中国人便有记叙和评价货币金融现象的传统，如管子的"轻重术"是关于使用金融手段进行宏观调控的论述。优秀传统文化中蕴含着丰富的金融思想，是金融学在中国"本土"重建的学术宝藏，具有无可替代的基础性作用，有待深度发掘其所承载的现代意义。

善本金融是理论创新，更是实践探索的提炼

实践是理论创新的基础，也是理论创新的原动力，更是理论创新的检验标准。我们提出"善本金融"，与其说是一次理论创新演绎，不如说是系列实践探索的提炼，是一个来自实践一线的全新的范式创新。我们深知，这个创新只是个起点，难以承载金融理论大变革的宏伟使命，但我们从实践中感知，这一定是一次很有意义的金融创新探索，对于推动中国式金融变革有着特殊的理论和实践意义。"善本金融"的要义就是，从社会价值视角对金融的审视和修正，其理论逻辑基于金融发展史分析的金融功能

性定位。金融具有产业性和功能性双重特性，"善本金融"首先建立在金融的功能性为第一性基础上，这可以说是整个体系创新的理论发轫。金融天然就有放大功能，服务好的社会主体，就是放大其社会价值；服务恶的社会主体，就是放大其社会危害。可以说，这是金融社会价值审视的关键，这是"善本金融"给出的金融导向和基因植入。金融是现代经济工具，经过多年的发展已经成为社会的重要工具。用好这个工具，并创新金融工具，是推动社会向善的重要举措，这可以说是金融对于现代化高质量发展工具创新的重要动因。金融助力资本向善、财富向善、科技向善、员工向善，都是以人民为中心的中国式现代化的内在要义，也必然是我国金融理论创新的重要内涵。

基于这样的考量，我从政府机关调任金融机构工作后，就开始了一系列的实践创新探索，主要包括五个部分：**一是金融顾问制度的创设**。借鉴我国法律顾问制度，找准企业的"金融家庭医生"、政府的"金融子弟兵"、居民的"金融理财咨询师"三大定位，为金融专业人士赋予社会化金融顾问角色，目的是推动金融以牌照为限制的专项服务，向以客户为中心的综合服务转变，推动金融以融资服务向融资和融智并重的服务转变，推动金融专业服务的社会化提升。这项工作从2018年11月份开始，至今已经5年有余。2023年11月，我们举办了"金融顾问制度五周年图片展暨全省金融顾问技能竞赛总决赛"，到目前可以说结出了累累硕果，成为浙江金融勇立潮头的创新创举，也成为金融供给侧结构性改革的浙江实践。**二是区域金融综合服务生态提升试点**。确切地说，这是县域金融综合服务生态建设的探索，基本出发点就是想结合县域政府的职能，以政府、企业、社会三大场景为主，依托数字化等创新，整合金融服务的社会化功能，综合提升区域性金融保障和服务的能力，提升县域金融综合服务生态。这项创新从 2022 年年初开始，至今快两年，重点聚焦政府平台健康运营、企业综合成本迭代下降、金融意识整体提升三大目标，全面提升金融的落地能力和县域金融服务深度及金融水平，以综合服务提升综合生态。这项创新形成了临平综合金融生态指数和临平综合金融生态建设模式，于 2024 年年初正式发布。更重要的是，这项建设为金融迭代创新赋能打开了落地路径和广阔空间。**三是开展金融助力企业家善行的善本信托创新**。主要是通过金融工具的创新来推动资本向善，把慈善与企业发展生态有机结合起来，让企业自主可感受地做慈善爱慈善，从而在推进共同富裕伟大工程的同时，推动企业家社会价值的提升和实现。这项工作开始着手是在 2021 年，2023 年才真正落地，第一批有 30 余位企业家围绕"三大场景"发起善本信托工程，设立体现自己慈善意愿的信托计划，推进自主可控可感受的慈善模式，探索走出一条企业家社会价值实现之路。2023 年 11 月，全国首个善行资本公益联盟成立，其宗旨就是推进善本信托工程，使之成为中国式现代化企业发展的高光之路。**四是金融服务的善本金融风控探索**。目的是在金融服务风险把控上，注入对客户的社会价值评价，确立人的风险为金融第一风险的理念，让金融服务的经济功效与社会建设同向发力，推动企业做大做强的同时推动其做善、做出更好价值。这项工作从2023年年初开始至今已经在浙商银行中全面推进，于当年发布浙银善标，并将"善标"落到客户准入、授信评审、服务定价等金融服务各环节，陪伴有责任心、有社会担当的企业成长。**五是数智化下金融社会价值提升探索**。这实际上是在前面几项创新的基础上，对金融机构的营利机制进行全面评估和改革探索，推动金融收益回归理性。这里最重要的是财富管理的善本原则创设和数智化下金融"当铺思维"的突破。这项创新从2018年就开始，内容也不断拓展，价值不断呈现。

五方面的实践探索，其实一直贯穿着一条主线，就是推动金融服务回归初心。这个初心就是金融的服务功能，服务企业、服务社会的金融需求，其核心就是从社会金融需求的满足而非金融机构发展本身出发来探索金融创新。这里有一个很重要的定位，金融服务具有功能性和营利性双重特性，其中功能性是第一性的。相对于营利能力一直很强的金融机构而言，我们的探索与其说是金融本身的创新，不如说是金融与社会价值的接轨。因此我们更愿意把这些探索划入"善本金融"的范畴。说是"善本"，其实就是想通过探索，让金融的社会价值全面提升，在社会发展特别是社会主义核心价值观下探索金融创新。

回顾这5年多的历程还是很有感触的，看似寻常最奇崛，成如容易却艰辛。其实这样的探索一直在拓展，让我们深深感受到善的力量。我们没有在西方金融理论体系的逻辑中去思辨,我们也没有回避如何维系金融服务的专业性体系,因为我们相信,只有实践需求,才能真正推动理论变革。

全书共分8章,由我提出整体框架与撰写思路,并进行统稿和审定。写作创意和素材源于我多年的金融工作实践与理论思考,有个别文章已在《中国金融》《中国银行业》等杂志发表。在本书撰写的过程中,浙商银行发展规划部的杜权、叶志桂、庄瑾亮、钱小明、方圆、孙文祥、刘春华、杨博野、张文祥、温晓静、何驰霄、王妍、闫尊、戴逸明、田金寰等同事参与了讨论和撰写,我对他们付出的辛勤努力表示感谢!

我们深知,对善本金融的探索,还只是开始。中国式金融理论建设必定是个极其伟大而需要不断深化的工程。推进这个伟大工程,是我们这一代金融人的使命和荣光。未来,我们将不断拓宽实践场景,不断提升金融站位,以金融工作会议精神为指引,以中国式现代化建设为动力和底色,持续推进善本金融理论和实践的探索。我们真诚希望我们的这些探索能得到更多的包括来自理论界的关注和批判,共同为支撑中国式现代化的中国特色金融贡献力量。

陆建强

目录

第一章 善本金融：理论内涵与推进逻辑 / 1

善本金融理论的提出 / 3

善本金融理论的内容 / 16

善本金融理论的实践 / 20

善本金融的理论与实践意义 / 25

第二章 善本金融的探索起点：金融顾问制度 / 29

金融顾问制度创立的背景和缘起 / 32

金融顾问制度设计 / 36

金融顾问制度的理论分析 / 43

金融顾问制度的实践探索 / 54

金融顾问制度未来的发展方向 / 71

第三章 善本金融的生态建设：综合金融服务示范区模式 / 75

县域金融生态优化的探索背景和意义 / 77
县域金融生态优化的实践样本：临平模式 / 82
县域金融生态优化实践的价值贡献 / 89

第四章 善本信用：金融风控体系重塑 / 93

善本信用提出的背景 / 95
善本信用的实践路径 / 98
善本信用的标志性成果：浙银善标 / 103
善本信用的下一步实践思考 / 109

第五章 善本信托：金融助力资本向善 / 113

共同富裕对企业家财富升维提出了新要求 / 115
善本信托——打造自主可感知的慈善模式 / 118
善本信托的探索实践 / 122

第六章 数智化与善本金融 / 127

数智化重塑金融逻辑 / 129

数智技术与善本金融的实现 / 131
善本金融的三大数智化业务场景 / 138
数智时代善本金融的伦理挑战与应对 / 144

第七章 善本金融的文化养成 / 151

文化建设是关乎价值观与可持续发展的命题 / 153
金融文化的基本内涵和主要功能 / 159
善本金融文化建设的基本要求 / 163
以"正行向善"为内核的浙银文化实践 / 168

第八章 ESG 治理体系与善本金融治理体系 / 171

ESG：现有国际责任投资原则 / 173
善本金融：中国特色金融理论目标导向下的
责任投资原则实践创新 / 175
善本金融治理体系发展趋势的思考 / 182

附录1 / 187

附录2 / 201

参考文献 / 213

第一章

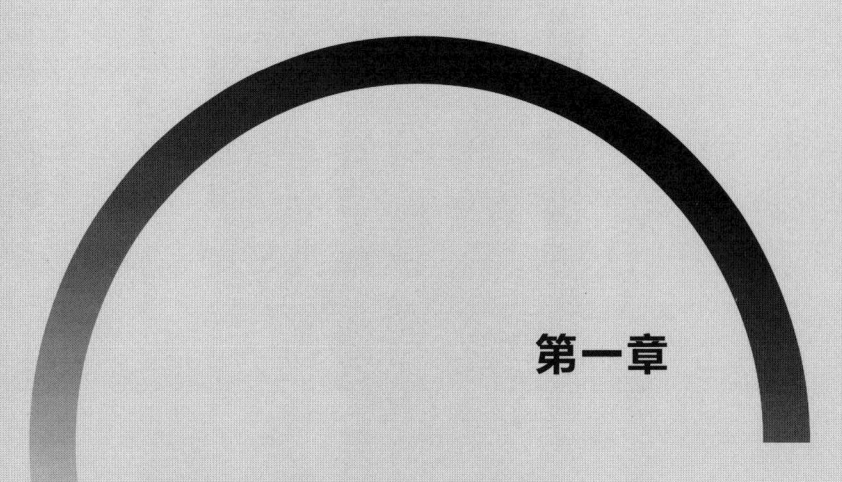

善本金融：
理论内涵与推进逻辑

善本金融理论的提出

党的二十大报告提出，以中国式现代化全面推进中华民族伟大复兴。这既是党在新时代的使命任务，也为中国特色金融发展提出了时代要求。2023年10月，中央金融工作会议强调"金融是国民经济的血脉，是国家核心竞争力的重要组成部分"，首次提出加快建设金融强国，再次对中国特色金融发展提出了新要求。在中国式现代化进程中，金融已经成为支撑国民经济和国家核心竞争力不可或缺的力量。正是从这个意义上讲，不能单纯以经济价值作为对金融工作的考量，必须从社会价值视角反思现有的金融理论和金融发展中出现的问题，并重新审视金融的定位和功能。

善本金融提出的背景

1. 从理论层面看，现有金融理论以西方金融理论为指导，存在明显的理论局限

西方金融理论强调资本营利性，忽视了金融的功能性，导致资本无序扩张和金融资本控制社会。西方金融理论的一个前提是"经济人"假设，从哲学和伦理意义上也被称为"人性自私论"，即每个市场主体在"利己"之心驱动下实现自身所掌握的资本所带来的价值或福利最大化。可见，资本是西方金融理论的关键要素和主要叙事对象。亚当·斯密在《国富论》中提到"每个人都在不断努力为自己所能支配的资本找到最有利的用途。当然，他所考虑的是自身的利益"。资本自身无所谓善恶，作为生产要素时更多呈现出适应生产力的"善"的方面，但作为生产关系时则会过于强化资本的营利属性，并容易滋生"恶"的方面，演变为"金钱至上"观。尤其是西方金融资本形成后，大量社会财富以金融资产形式集中在少数金融机构手中，按照金融资本的逻辑独立运动。资本的逐利性导致资本无序扩张几乎成为必然，并逐步控制西方社会。正如马克思在《资本论》中所揭示的，放任资本自由，资本将不可避免地按照其意志重塑社会，其间必然涌现大量过度贪婪和非理性的现象；众多贪婪个体共振创造出巨大社会产能的同时，也不可避免地导致周期性的经济危机。

西方金融理论强调自由主义，忽视了政府在经济金融发展中的必要作用，导致经济金融动荡。自由主义是西方主流经济学家金融思想的共识和"底色"。例如亚当·斯密以自由主义作为其理论的哲学基础，用"看不见的手"论述自由市场的合理性。马歇尔和瓦尔拉斯等人则依托边际效用、完全竞争等概念和一般均衡理论，论证自由竞争会形成资源最优配置，主张自由市场经济最为完美无缺。卢卡斯和哈耶克全面否定政府干预的合理性，更极端地强调完全的自由市场。西方金融理论中的自由主义倾向，为资本冲破束缚提供了思想和理论依据，但其过度强调市场"看不见的手"的功能，而不重视政府"看得见的手"的作用，从而带来了严重的经济动荡和金融危机，例如1929—1933年的经济大萧条和2008年的美国次贷危机。

2. 从实践层面看，现有金融业发展带来诸多经济社会问题

在西方社会，华尔街金融带来固化社会、控制政治等深刻问题。进入金融资本阶段后，金融资本在重塑社会中呈现了融合性、同化性、进攻性与对社会的塑造性四大特性。金融资本的四大特性，使得资本天然会固化社会，加速阶级阶层板结化，并导致贫富差距越来越大，资产阶级越来越强势，国家治理中资产阶级的话语权与制度安排权越来越大。在西方国家，资本一直试图控制政治，并往往能够控制政治。当资本控制了政治以后，就会高同化、高融合、高进攻性地侵入社会治理、国家治理的方方面面，将整个系统改造成有利于资本扩张、资本获利、资产阶级的单向自我增强系统，而且这个改造几乎不可逆转、不可减速和不可遏制。

从我国来看，过去的金融业发展也存在种种金融乱象。一段时间里，在西方金融理论的引导下，我国金融业发展也出现了一些问题，例如对金融业的考核以规模、利润和业务竞争力等指标为主，把营利放在突出位置，这样过度强调金融的产业属性，弱化金融服务社会的功能属性，从而导致在金融服务中出现"釜底抽薪"、资金空转、脱实向虚等怪象，存在经济金融风险隐患，金融服务实体经济的质效不高。另外，与西方类似，在我国也出现了逐利性驱动下资本的无序扩张，资本控制金融牌照或利用金融手段实施不正当竞争、加高杠杆、信息垄断、监管套利，在部分实体经济领域巧取豪夺，甚至在一些涉及国计民生的重要领域利用复杂资本结构实施经营垄断、数据垄断等个别现象，给国家金融安全和经济社会稳定带来了重大隐患。

3. 从价值取向看，现有金融机构发展对金融的社会价值重视不够

伴随我国金融业的发展，部分金融机构在发展中过度强调股东利益至上，忽略金融的社会价值，导致唯利主义的错误思想。股东利益至上的核心聚焦于企业内部的利润最大化和剩余索取权问题，认为必须将公司股东利益置于首位。从企业资本来源看，私人企业追求利润和投资者价值最大化尚可理解，而国有企业除了要实现股东利益，还要主动配合国家的经济治理和社会治理需要，尤其是具有特殊属性的金融企业，更要实现其社会价值功能，包括落实国家经济金融战略、服务实体经济和满足人民群众金融需求等。在股东利益至上论的引导下，过去一段时期

金融企业出现了一些"金融精英论"、唯规模论、唯利主义等错误思想。

4. 从金融服务模式看，现有金融服务模式与企业需求不够匹配

金融服务多以完成指标为导向，而不是以客户为中心展开。部分银行客户经理由于指标压力，对政府项目、国有企业抢着服务、过度服务，形成很多无效、低效供给；大型民企也存在过度负债的问题，在间接融资市场所受融资约束相对较小，具有过度融资的便利和冲动，更容易形成高负债型财务结构。而有些银行对处于成长期、亟须融资的企业授信时则顾虑较多，有很大一部分企业没有被主流金融服务所覆盖。造成这种问题的原因是，很多金融部门仍然从机构经营角度出发开展服务，而不是真正以客户需求为出发点，这使得金融的资源配置发生扭曲，金融供给和金融需求不匹配，从而降低全社会金融资源配置的效率。

企业综合化的金融需求难以得到有效满足。随着企业发展从传统的生产经营模式向多跨协同的经营模式转变，从单一的点式发展向产业链供应链的链式发展转变，其金融需求不再局限于单一融资服务，对银行、证券、保险等综合金融服务需求强烈。同时，居民财富的保值增值也需要多元化金融服务。但当前大部分金融机构仍以牌照为中心开展专项服务，客户的综合化金融需求难以得到满足。一些大型金融机构虽按"全能银行"模式获取了各类金融牌照，但在多元化经营中仍以各牌照为边界，并未通过整合而真正形成综合金融服务能力。大部分中小金融机构更难获取多元化牌照以提供综合服务，从而难以满足市场需求。

5. 从发展目标来看，金融强国目标要求创立中国特色金融理论

金融强国要求金融理论凸显政治性和人民性。金融不仅关乎经济，更关乎政治。在新时代，金融强国正是关乎政治的集中体现。这要求金融树立"以人民为中心"的发展理念，践行政治性和人民性，成为国家核心竞争力的重要组成部分。这对中国特色金融理论发展提出了新的时代命题。在中国式现代化大幕已经拉开的背景下，面对西方主流金融理论在我国出现的"水土不服"、对经济的解释力度和政策指导力度越来越弱等情况，探索中国特色金融理论已刻不容缓，要更好地为全面推进强国建设、民族复兴伟业提供理论支撑。

金融强国要求金融理论解决当前面临的主要矛盾。党的二十大指出，我国社会的主要矛盾是"人民日益增长的美好生活需要和不平衡不充分的发展之间的矛盾"。我国经济发展也由高速增长阶段转变为高质量发展阶段，必须在发展中兼顾效率与公平。金融是现代经济的核心，2023年召开的中央金融工作会议要求金融"不断满足经济社会发展和人民群众日益增长的金融需求"，本质上就是要求在更核心的金融层面助力解决当前面临的主要矛盾，这是对新时代中国特色金融理论创新的具体要求。金融供给侧结构性改革的推进，为破解这一矛盾，开展适应中国式现代化语境的中国特色金融理论创新，提供了新的场景。

善本金融的内涵

1. 善本金融的提出

从社会价值视角审视金融的功能价值，我们首先提出的就是金融向善的逻辑。向善是矫正，是目标，也是作用向度的回归。"善本金融"在此基础上立论，金融不只是向善，而且要以善为本，强调的是初心，是出发点的清晰。其中的基本逻辑首先是确立金融的服务功能为第一性，把营利性放在第二性上，保证金融的政治性和人民性的基点；其次把"善"的基因嵌入金融服务价值维度，矫正金融的放大功能，构建以客户为中心的"抑恶扬善"的金融评价体系，推动金融从社会价值向度发挥作用；最后以金融的现代性、工具性、基础保障性为依托，推动资本向善、科技向善、员工向善，进而社会向善，形成中国式现代化高质量发展的金融服务新范式。

所谓"善本"，就是以善为本，属于哲学范畴。在哲学体系里，善是人类文明的基本共识，向善是社会发展的不竭动力和永恒追求。以善为本，是初心坚定，更是使命高远。从金融向善到善本金融，就是要提升金融站位，明确金融功能定位，在经济金融之上,从政治社会的视角重塑金融价值,并由此确立金融与社会进步同向发力的理论体系。

2. 善本金融的内涵

第一,金融回归本源,确立服务功能为第一性。探究金融的本质,离不开对金融发展史的反思。现代金融是现代经济发展的工具,是资本追求利润最大化的助推器,其本身也伴随着资本的发展而发展。资本的发展大致可以分为商业资本、产业资本、金融资本等阶段,与此相对应,金融也经历了从"信贷"到"信用"再到金融资本的发展历程。在商业资本阶段,资本利用"信贷"工具克服了财富的地理限制,形成早期的信贷制度和金融体系,最重要的功能就是把大量闲散资金积聚成为雄厚的商业资本,通过商业贸易甚至暴力掠夺获得更多财富。在产业资本阶段,资本利用"信用"工具克服了资本总量和价值增值的限制,通过在时间上对商品的出售和商品的货款回收进行分离,"信用"随之产生,其本质是对社会资本的集中与再分配,从而赋予产业资本家在一定界限内支配他人资本、财产和劳动的权利,但信用过度使用会导致无序竞争和生产过剩。在金融资本阶段,随着投资银行、对冲基金、货币市场基金、债券、保险公司、结构性投资工具等的兴起,金融资本通过银行贷款证券化实现了信用的无限扩张,产业资本的运行逻辑逐渐被金融思维所主导,其资本扩张不再取决于产业的自身循环,而是取决于融资能力。由此,金融在实体经济之外打造了一个相对独立的虚拟经济体系。这一体系会因过度使用"影子银行"而导致真实的经济运行被金融"架空",从而埋下金融危机的隐患。

结合实体经济和金融的发展可以看到,金融发展的历史从一定意义上说,是一部逐步从实体经济中不断分离的历史,也是一部由从属于实体经济,不断走向主导,然后控制实体经济的历史。从社会发展视角不难发现,金融一开始就具备服务实体经济的功能性和自身作为产业的营利性(产业性)的双重特性。随着现代经济的发展,其营利性不断强化,逐步成为控制、主导实体经济发展的强大力量。哲学上有第一性第二性的概念,第一性是根源、是基础,具有先天性;第二性是派生、是衍生,具有后发性。以此来看金融发展的历史,金融服务功能是第一性的,营利性是第二性的。从这个意义上讲,以西方为代表的现代金融发展史是金融服务功能第一性不断迷失的过程,最突出的表现就是"华尔街现象"。金融回归初心、回归本源,正是现代金融理论需要反思和重构的内容,确立金融服务实体经济功能第一性,就确立了金融评价的社会价值视角。

第二,以"善本"原则导正金融放大功能。现代经济发展中出现的突出问题,大多能在金融里找到根由或踪迹,而且往往是没有坚持金融以善为本的结果。在西方,金融资本成为控制社会和收割财富的工具,引发一系列经济动荡、金融危机。资本无序扩张的背后是金融偏离了社会价值考量维度,究其根源在于金融服务的立场出了问题。金融作为现代工具，从其本身的属性来看是中性的，但金融服务的对象有善恶，尤其是金融先天具有放大功能，服务善的主体就是放大了正的能量，服务恶的主体就是放大了恶的危害。因此，金融必须确立起"善本"的原则，认真考量金融应当为哪些群体服务、金融资源应当投放到哪些领域、金融专业工具应当鼓励和赋能哪些经济行为。"善本金融"的提出，就是要把"善"作为金融服务的基因，以"善本"原则导正金融的放大功能，服务于善的主体、善的领域、善的行为，以金融供给侧结构性改革为根本要求，降低社会融资成本，提升资源配置效率，提高人民金融素养，实现中国特色金融的高质量发展。

第三，践行金融的政治性和人民性。坚持以人民为中心的金融发展观，必须坚持党中央对金融工作的集中统一领导。"以人民为中心"不是抽象的概念，不能只停留在喊口号上，要触及深处，落实到行动上。历史证明，评判金融工作的好坏，要看是否有利于广大人民的利益，是否有效支持实体经济发展。金融工作的政治性、人民性要求是在探索中国特色金融发展之路中形成的，为中国式现代化提供了强大的价值根基。

金融的政治性要求坚持党的领导，坚决防止金融资本控制社会。新一轮金融监管体制改革的核心内容是，强化党中央对金融工作的集中统一领导，代表人民根本利益对金融工作把关定向，这是金融第一位的"善"。坚持党的领导，意味着金融要以服务国家中心大局和实体经济为根本目标,为有责任担当的好企业服务赋能,坚决摒弃西方的华尔街金融之路,避免成为资本"收割韭菜"、控制社会的工具。

金融的人民性要求增进民生福祉,突出金融的基础性、保障性功能。其最本质的是,树立以人民为中心的价值取向,回归到助力共同富裕、增进民生福祉的定位。重点是建立健全满足各个层次特别是中老年龄、中低收入、中低受教育人群的财富产品和服务体系,完善面向小微企业的高效融资体系,搭建线上线下的金融服务体系,还要提高人民的金融风险防范意识和能力,实现基础性、保障性金融服务无处不在、无时不有。

善本金融的理论基础

善本金融理论不仅来源于对西方金融理论和金融实践的反思,也根植于中、西方先进的经济社会理论。

1. 马克思主义金融资本理论

该理论为科学认识金融资本提供了系统性的方法论和价值立场。生产是金融的基础。社会再生产的四个环节——生产、分配、交换和消费是相互联系的,其中生产环节起支配作用。货币是商品货币价值的表现形式,而商品价值的实体是人类劳动。后来的货币虽然脱离了价值的实体从而虚拟化,但无论其形态和功能多么复杂，在本质上仍然只是价值的符号，货币和金融本身并不创造价值，只能以生产过程中生产的物品和创造的价值，以及在此基础上形成的社会再生产过程为基础。以劳动价值论为基础，马克思主义明确为大多数劳动者服务的价值立场，也奠定了金融理论的人民性立场。而金融与实体经济的关系、金融服务的人民立场，为善本金融提供了理论基础。

2. 金融伦理学理论

该理论是社会经济活动中的金融关系与伦理关系融合而成的一种理论形态，是对金融发展及其运行机理的伦理把握。国内外现有研究多集中于强调金融伦理的重要性、探索金融行业的道德维度。尤其在金融危机后，金融伦理研究者更加关注金融信用、金融监管、金融人的美德建设等方面。部分研究者认为，金融危机表现出的社会信用恶化、市场混乱、道德风险等，体现了经济伦理在资本管理者思想行为中的淡漠和缺失，从很大程度上说，金融危机是价值理念和责任的危机。也有研究者进一步强调，应当从金融信用领域内的道德建设入手，不断优化金融市场道德环境，健全金融信用伦理管理体系，营造金融企业伦理文化。正是受到金融伦理学的启发，善本金融从"善"的视角研究金融。善本金融理论借鉴伦理学的研究范式，将社会价值判断与收益价值判断置于同等重要的目标函数内，指导建构金融制度、金融市场、金融机构等研究对象善的内核、善的标准、善的维度，提高金融效率、促进经济正义、推动社会和谐，探索提供金融伦理学研究范式的具体实践。

3. 中华儒家义利观理论

儒家义利观是我国优秀传统文化的思想底蕴。作为儒家创始人，孔子在夏商周三代文化传统的基础上，"以仁释礼"，提出了一套以"仁"为核心的伦理思想，系统性地形成了"义以为上""义然后取""利民为义""见利思义"的义利观，确定了之后2 000多年儒家义利观的基本走向。中国古代经济伦理思想的特点就是在"义利之辨"中不断丰富与发展起来的，其中关于"义"与"利"的理解，本质上是如何认识善、倡导善、实践善的问题。中央金融工作会议首次提出"要在金融系统大力弘扬中华优秀传统文化"，并重点提出了要"以义取利"。建设金融强国，金融软实力不足是一大短板。马克思主义基本原理同中华优秀传统文化相结合，即"第二个结合"，是又一次的思想解放，我们要充分运用中华优秀传统文化的宝贵资源，探索面向未来的金融理论、制度和文化创新。义利之辨，常辨而常新，社会主义义利观是儒家义利观在当代的创造性转化与创新性发展，赋予了时代的新内涵，也是善本金融理论创新的文化根基，融入向善的价值追求和自觉行动，对当前西方金融文化中重视财富追求、忽视道德约束的缺陷形成了很好的弥补，具有重要的伦理价值和现实意义。

4. 金融的社会价值观理论

从金融自身的发展史来看，人们普遍认可金融的社会价值功能。早在我国古代的金融萌芽中，就看重金融的社会价值。《管子》中记载："春赋以敛缯帛，夏贷以收秋实，是故民无废事而国无失利也。"意思是国家通过贷款行为促进国计民生的发展，突出了金融的社会价值功能性。部分西方研究学者也从金融自身发展史角度对金融的社会价值开展了广泛研究。杰里米·巴尔金在《影响力投资》（2017）一书中提出，金融是一种向善的力量，在推动经济发展、创造繁荣的同时，让生活和世界变得更美好。罗伯特·希勒在《金融与好的社会》（2012）一书中提出，金融并非为了赚钱而赚钱，金融的存在是为了帮助实现其他的目标即社会的目标。而在我国的社会价值观中，回归初心、金融向善，是社会主义金融创新的基点，是金融工作必须坚持的基本原则，要确立金融的服务功能第一性。

善本金融理论的内容

善本金融的提出，是从金融向善到善本金融的范式升维。所谓从"金融向善"到"善本金融"，是将金融服务"善"的认识由叶到根、由表到里、由形到神；在金融服务中从"向善"的主观意识和积极行为升华到"善本"的自觉意识和自在行为，从抽象的思维认识走到具体的金融服务场景里形成一系列生动实践，推动善本金融实现理论和实践上的突破。

抑制资本无序扩张，引导"资本向善"

经济是肌体，金融是血脉，两者共生共荣。改革开放以来，中国金融体系帮助创造了中国"经济奇迹"，但近年来出现金融脱离实体经济，逐步走到与其博弈甚至争利的局面。一方面，实体经济结构性困境长期积累，在转型发展的道路上艰难地爬坡过坎；另一方面，金融体系存在部分扭曲和错位，结构性套利助推资本无序扩张。这一困局的症结在于，金融和实体经济之间循环流转通道出现了梗阻，金融没有流向实体，反而在投机性领域自我循环。这个问题直接反映在金融机构所服务的客户上，部分企业和金融机构以产融结合为名，行资本扩张之实，甚至进行监管规避和监管套利，形成异化的金融资本，金融杠杆和各种新型金融衍生品成为资本快速扩张的利器，这在前些年的房地产、互联网领域表现得尤其明显。

2021年中央经济工作会议明确要求，正确认识和把握资本的特性和行为规律，为资本设置"红绿灯"，直击资本无序扩张的乱象。要实现这一目标，必须构建规制扩张冲动的制度体系，让资本在明确的边界内有序流转。但法律制度是底线，是一种"下限式"的规定，而且具有一定的滞后性，仅仅守住法律底线依旧挡不住"门口的野蛮人"来敲门，甚至登堂入室。因此，要透过制度抓住金融的初心本源，把严守制度的底线要求转化为向善的价值追求，嵌入金融服务的具体场景中。尤其是要把握好金融机构所服务的客户，不能简单以经营指标、资产规模等技术性指标来衡量，而要对企业和企业家的行为进行可量化可评估的价值分析，并配以相应的资源投入和风险包容度，进而构建"扬善抑恶"的客户评价和服务体系，把资本引流到真正"向善"的客户中。

规范财富积累机制，引导"财富向善"

国之称富者，在乎民丰。财富的创造和分配是世界各国都在面对的重大问题，关乎国民福祉升降、贫富差距扩减乃至阶层固化或流动。中国金融发展的小逻辑内嵌于中国经济发展的大逻辑之中，在服务发展与转型的双重任务中，形成"得不到服务与过度服务"的局面。前者是"不及"，信贷歧视，金融排斥，最需要金融服务的群体反而得不到服务；后者是"过度"，供需错配，结构嵌套，盲目追求高收益，各种复杂产品"乱花渐欲迷人眼"。这种扭曲成为导致财富分配不均的重要因素，与共同富裕的目标背道而驰。

改革开放以来，我国从几乎没有个人财产发展到个人财产的高速积累与显著分化，分配不均更是带来一些社会不公、阶层固化等深层次问题。党的二十大报告首提"规范财富积累机制"，充分彰显了以人民为中心的发展思想，其中蕴含的就是对善的社会的追求。国内外实证研究表明，金融对共同富裕具有"二重性"，不仅能促进财富增长，也会加剧财富分化。从一定意义上说，市场经济的竞争机制必然导致财富在不同群体之间的不均衡分配。因此，共同富裕绝不是均贫富，而是要体现公平合理，让社会发展成果惠及各群体，防止社会撕裂。金融促进共同富裕的基本逻辑，是通过规范财富积累机制驾驭"二重性"，以善为本"扬其利束其弊"。对金融机构来说，一是要提供风险收益相匹配的财富产品，帮助人们进行资产配置，提高财产性收入；二是要通过投资者教育等提高全社会的理财意识和能力，防范金融风险，打击金融诈骗等行为，营造正向的财富生态；三是要加强第三次分配的制度探索，形成财富分化的鸿沟消弭机制，特别是在如何帮助企业家自主可感知做慈善上，有很大的创新空间。

把握守正与创新的边界，引导"科技向善"

技术革新引发的数字化浪潮，改变了经济发展形态，带来了资本的平台化和数智化金融新时代。资本利用平台公司颠覆了传统经济模式，更关注用户之间的社会连接，进行社会关系的再生产，推进了金融服务模式全新变化。一方面，平台资本的用户思维和数据思维很容易走向一种典型的垄断逻辑，形成一个赢家通吃的寡占市场，其在效率提升的同时也容易带来社会资源配置的不均衡和社会分配的两极化。另一方面，数字技术、人工智能的推进，带来了服务的精准性，使普惠金融真正得以高效实现；产业生态的精准分析使得链式金融成为可能，结合资产及经济行为的价值化从而改变以往靠抵押担保的金融服务模式，成为金融供给侧改革和推动产业升级的重要抓手。

数字普惠金融和以链式金融为代表的产业数字金融，为解决"金融排斥"提供了新思路，也是未来金融竞争的制高点。但这其中，同样存在着对"二重性"的把握，需要从社会价值视角审视数字技术变革中金融创新的"善本"原则。资本的平台化和资本的金融化是一个过程的两个方面，前者是以"赢者通吃"为特征的平台经济，后者是利用资本市场工具加大杠杆、扩张信用。其中，尤其需要金融机构在贯彻"善本"原则中实现有效约束，正如自由竞争要防范垄断一样，包括金融在内的各种要素都应该在其中发挥正行正向的作用。平台化数智化时代为"善本金融"开辟了广阔的舞台，也向"善本金融"提出了全新的课题。保障资源的均衡性、保障生态中的共富逻辑，都是平台化数智化时代"善本金融"的着力方向。

善本金融理论的实践

在善本金融理论提出和完善的过程中，我们以浙商银行践行善本金融理论为例,探讨银行业实践。浙商银行坚持以善为本的金融服务宗旨,从理念、队伍、对象、机制四大向度推进探索创新,一体构建善本金融生态,为中国特色金融和中国式现代化高质量发展探索经验。

推动金融服务理念向善

服务理念是回答金融为什么服务、为谁服务、如何服务的问题。这些年,不少金融机构把市场激励作为主要的甚至是唯一的动力来源,忽视了社会价值的内在激励,导致功利主义蔓延。哲学家雅思贝尔斯说:"物质的本质是重量,精神的实质是自由。"自由需要一定的物质,但超过一定重量之后,物质越多,自由越少,正所谓为养其小而失其大。追求服务理念向善,要求金融机构站位要高、格局要大、情怀要深,弘扬善的文化、鼓励善的行为、传递善的温度,将潜意识底层的性善,提升至不学而能的"良能"状态,唤醒内在向善的力量,做到发自内心地追求向善。2022年以来,浙商银行全面焕新金融服务理念,提出金融要帮善不帮恶,陪伴有责任心、有社会担当的企业成长,不做资本无序扩张的帮凶、不做资金空转套利的帮手。为此,浙商银行打造了特色"善标"体系,走出单纯以抵质押物多少对客户进行评判的模式,而是以向善为重要标准对客户进行多维度评判,主要包括企业版和个人版两个客户维度的体系,其中企业版"善标"以大局担当、环境保护、社会责任、公司治理为正向评价维度，并编制了20多项负面清单；个人版"善标"以守善性、闻善道、呈善果为正向评价维度，并编制了10多项负面清单。同时，将"善标"落到客户准入、授信评审、服务定价等金融服务各环节，形成金融向善的银行方案。

推动金融专业人员从善

金融服务队伍从善是善本金融的关键枢纽。目前部分金融专业人员存在"行业特殊性"等错误论调，以及在这些思想驱使下出现的"打猎"而不是"种田"、"雨天收伞"而不是"雪中送炭"等行为。聚焦如何推动专业人士从牌照中走出来去服务量大面广的中小微企业，浙江省从2018年开始就成立了浙商总会金融服务委员会，在全国首创金融顾问制度，参照"法律顾问""家庭医生"，定位为企业金融"全科家庭医生"、政府的"金融子弟兵"和居民的金融理财咨询师，通过构建"1+N"服务模式（1个金融顾问链接N个机构资源，详见图1-1），以实现三大转变：一是推动金融专业人士走出所在机构的牌照限制转到具有公益身份的社会价值认同；二是从"以牌照为中心"的专项服务转到"以客户为中心"的综合服务；三是从注重融资转到融资和融智并重的全方位服务。这是金融人士利用专业知识从善的集中表现。同时，县域是中小微企业和基层群众聚集的特定区域，因此在县域里开展制度创新是金融专业人员从善的重要领域。尤其是在数字化浪潮下，金融专业人士可以通过数字化工具、投资者教育等，推动实现企业运营成本下降、政府平台优化提升、区域金融生态全面升级。目前，在浙商银行的推动下，浙江正在杭州市临平区开展综合金融服务示范区试点。

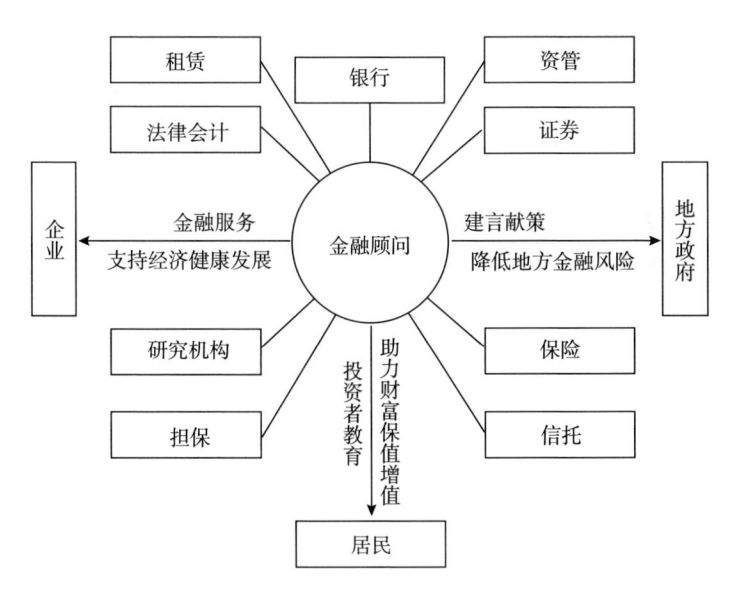

图1-1 金融顾问"1+N"模式架构

推动服务对象崇善

服务对象崇善，要求金融机构必须清醒认识到金融牌照不仅是国家许可，更是一份重要的政治责任。基于此，浙商银行以"善本信托"为重点，研究金融参与第三次分配的公益金融服务新模式，从原来"一捐了之"的慈善到开启自主可感知的慈善，从原来捐钱捐物的慈善到参与社会治理、促进社会和谐的慈善；牵头搭建公益金融服务新平台，帮助企业家自主可感知参与慈善事业、提升社会价值、实现财富升维，同时让企业家参与到基层治理中，成为社会管理参与者和优秀文化传承者。主要做法是联合专业机构服务企业家设立慈善信托（详见图1-2），围绕"企业自身产业生态、企业家出生地和所在地"三大场景，以"慈善+金融"模式打造"传统民生领域项目保障困难群众生活、发挥企业家乡贤作用促进社会善治"两类慈善项目，构建共建共治共享的社会治理格局，以金融机构个体之善，推而广之实现全社会之善。

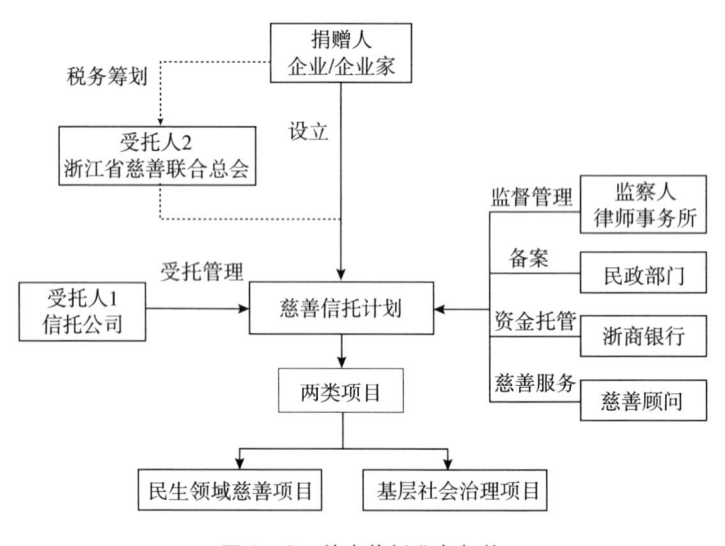

图1-2 善本信托业务架构

推动保障机制助善

正向的评价反馈是推动善本金融的重要保障。虽然金融领域引入了ESG（环境、社会和公司治理）等丰富了原有的评价维度，2021年财政部印发的《商业银行绩效评价办法》又新增了"服务国家发展目标和实体经济""发展质量"两个评价维度，但总体上对金融机构的考核仍以规模、利润等业务指标为主，更多聚焦在经济价值上。推动善本金融必须从金融的社会价值出发，从业务盈利的导向转变为金融功能属性发挥成效的导向。浙商银行从内部绩效考核入手，研究探索体现向善的考核体系，从服务国家战略、服务实体经济、推进公益金融等多个维度进行全方位的科学评判，加大对小微普惠、绿色金融、先进制造业投入的考核权重，建立善本金融的资源配置体系，把更多信贷资源倾斜到"善"的客户、业务和生态，支持科技金融、绿色金融、普惠金融、养老金融和数字金融发展。

善本金融的理论与实践意义

善本金融以马克思主义金融理论、中华优秀传统文化的价值观为理论基础，吸收了西方金融理论中符合中国特色社会主义市场经济价值要求的理论元素，摒弃了西方金融理论中为资本主义辩护的成分，是中国特色金融理论的新探索。

善本金融凸显金融的社会价值

经济高质量发展要求金融高质量发展。金融高质量发展的一个重要体现就是激发出金融的社会价值，提升金融的基础性保障性功能，助力共同富裕。然而，过去相当长的一段时间内，金融领域的"不平衡不充分"问题逐渐显现，具体表现在财富分配不均导致的贫富差距逐步扩大、大中企业与小微企业所获金融服务差距扩大、发达地区与欠发达地区的金融供给差距扩大。善本金融借鉴金融伦理学的观点，强调对小微和居民等社会弱势群体的综合金融服务，助力了共同富裕，是金融社会价值的集中体现。

善本金融抑制资本的无序性

善本金融针对资本的特性有的放矢地"弃恶扬善"，为超越资本增值逻辑提供了路径指引。西方金融理论宣扬资本逐利性和股东利益至上，引起的必然结果就是资本无序扩张和金融资本垄断。如前所述，过去一段时间，我国也出现了一些资本的无序扩张现象，这与中国式现代化背道而驰。善本金融突出了金融的功能性，弱化了金融的产业逐利性，从本体论上对金融的本性进行了修正，并倡导对我国市场经济建设中的资本规范化，约束资本"恶"的一面，扬升资本"善"的一面。从资本增值逻辑转向社会价值逻辑，解决了现代化的动力机制问题，同时又规避了其负面效应。

善本金融是中国特色金融理论的新探索

中国特色社会主义市场经济具有市场经济的一般特征和共性，需要遵守市场经济的价值规律。但西方金融理论坚持完全或不完全的自由主义思想，将政府仅视为经济发展的"守夜人"，与中国式现代化不相符。中国式现代化和中国特色社会主义市场经济体制对金融的基本要求是践行政治性和人民性，而西方金融理论从前提假设到理论核心再到政策建议都鲜有涉及，因为西方金融理论在资本主义体制下的本质是唯自由市场。善本金融弥补了西方金融理论在这一领域的不足，其核心要义是践行金融工作的政治性和人民性，既发挥市场在资源配置中的决定性作用，也体现政府的宏观调控，凸显金融服务实体经济和人民群众的社会价值功能。

善本金融塑造了金融行业新形象

第一，善本金融通过品牌认同机制提升品牌影响力。品牌认同机制是指善本金融的社会价值导向促使金融机构树立起对国家、对客户负责任的品牌形象，可以获得更多的社会认同与声誉。社会认同与声誉又直接影响金融机构对客户的吸引力和市场的核心竞争力，这是公众对金融机构声誉价值认知的结果。同时，践行善本金融理论的金融机构能够提升客户的价值认知，形成比较稳定的消费心理和消费定势，从而增加更多的产品和服务消费，带来更多的消费者剩余，消费者会展现出对企业的忠诚。

第二，善本金融通过护城河机制强化能力独特性。护城河机制是指金融机构通过践行善本金融理论，把"善"的基因嵌入自身核心业务，形成不易被竞争对手模仿的独特的核心竞争力。一方面，通过践行善本金融，金融机构的员工会体现出较高的伦理品质和道德操守，在服务客户的过程中将以较高的道德行为保持亲和力和凝聚力，这是长期吸引客户的重要因素；同时，践行善本金融也体现了员工与金融机构的共同价值观，让员工特别是高级人才保持对金融机构的忠诚，不轻易离开组织，也不会因为自身的非道德行为导致客户流失，更不会做有害金融机构利益的行为。另一方面，金融机构以善本金融理念为指导，开发出彰显社会价值的产品与服务，具有鲜明的价值辨识度。

第三，善本金融通过自我强化机制实现优势持续性。自我强化机制通过金融机构与员工之间的互动，将善本金融理念内化为金融机构和员工的价值观，并成为其伦理准则和行为规范，形成持久的核心竞争力。

第二章

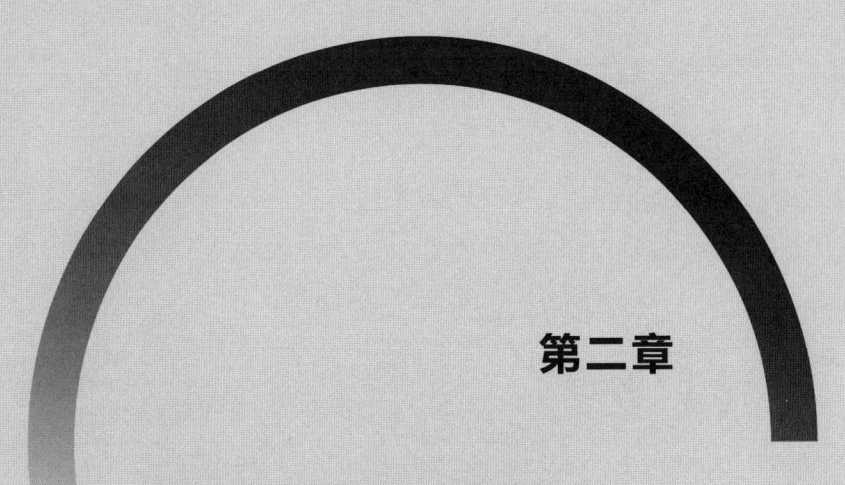

善本金融的探索起点：
金融顾问制度

善本金融从社会价值视角审视和修正金融的功能和定位，其探索起点和理论发端是2018年浙江首创的金融顾问制度，善本金融理论正是在金融顾问制度的成长中萌芽和发展的。金融顾问制度坚持金融功能第一性，针对金融领域的突出问题和矛盾，开展了一系列公益性、综合性的金融服务，是基于金融回归本源、服务实体经济的初心开展的探索实践，突出的特点就是着力提升和释放金融社会价值。目前有104家金融机构、中介服务机构参与到这项公益服务中来，组建了一支3 400余人的金融顾问专业队伍及93个金融顾问工作室，形成省、市、县三级联动机制，通过积极实践探索已实现了浙江11个地市金融顾问服务全覆盖，并走出浙江，推广至北京、上海、甘肃、四川等全国16个省、市、自治区，取得了较好的社会效应。从金融社会价值视角看，金融顾问制度的理论和实践成果不断丰富，善本金融理论由此发轫，为推进中国特色金融理论创新开展了有益的探索。

金融顾问制度创立的背景和缘起

金融顾问制度是民营经济大省"金融之问"的现实解答

2018年,受宏观经济"三期叠加"、中美贸易摩擦等因素的影响,我国金融市场股市、债市、汇市承压,部分民企在2015—2016年利用宽松的货币政策盲目扩张,积累了大量风险和问题,导致股票质押爆仓、民企债券违约、P2P(点对点,个人对个人)逾期兑付等现象时有发生,如金诚集团理财爆雷、金盾集团股票质押爆仓、盾安集团及精功集团资金链断裂等。针对部分民营企业遇到的融资难题,监管部门从信贷、债券、股权三个融资渠道采取"三支箭"的政策组合,支持民营企业拓展融资。同时,政府积极为民营企业发展营造良好的法治环境和营商环境,依法保护民营企业权益,鼓励、支持、引导非公有制经济继续发展壮大。

在浙江,互联网金融风险暴露,P2P网贷机构发生集中爆雷风波,民营经济融资难与经营难所造成的风险互相传染和迭代,迫使防范化解金融风险攻坚战全面打响。2018年6月,浙江省委、省政府主要领导在企业调研时提出"金融之问":"金融机构有那么多的专业人才,如何在做好自身风险防范的同时,帮助量大面广的企业识别、防范、化解金融风险？"为打好防范化解金融风险攻坚战，促进经济金融持续健康发展，包括浙商银行、财通证券等省属国企在内的在浙金融机构、中介机构在浙江省地方金融监督管理局的指导下，进行了深入的研究，借鉴"法律顾问""家庭医生"的制度安排，提出在浙江探索实践金融顾问制度。通过推动金融专业人士走进各类市场主体，提供多方面的金融咨询服务，帮助企业发展、化解企业风险，同时提升金融专业人士的社会情怀，实现自身的价值，形成正向的反馈机制，从而推动金融顾问工作持续发展。

金融顾问制度是解决当前金融服务的三对矛盾的有效探索

1. 金融具有功能性和产业性双重特征，金融功能性与产业性之间的矛盾，导致对实体经济服务程度不充分

金融功能性强调金融对经济发展的"服务支撑"作用，金融是国民经济的血脉，注重社会价值导向；金融产业性强调金融机构的企业属性，以追求自身盈利为主要目标，注重经济价值导向。当前，对金融机构的考核仍以规模、利润和业务竞争力等指标为主，金融机构也把盈利放在突出位置，这样过度强调了金融的产业属性，弱化了金融的功能性，好的企业抢着服务、过度服务，而量大面广的中小企业缺乏专业人士服务。然而，金融机构要胸怀"国之大者"，不能只追求股东的利益，更应该去实现金

融功能、社会价值。

2. 金融牌照管理造成的"专项服务"与客户的"综合服务"需求之间的矛盾，导致对市场主体的金融供给不全面

在分业监管的模式下，金融机构往往围绕各自的牌照提供相应的金融服务，金融专业人士主要围绕所在机构提供金融服务。但各类市场主体的金融需求往往是综合性的、多元化的，单一金融机构很难满足客户的综合金融需求。与此同时，金融机构过于强调融资服务而忽略社会普遍存在的金融专业咨询服务，这些问题需要通过机构间的协同才能破解，但目前机构间的协同往往比较松散，很多协同也只能浮于表面，很难深入。

3. 地方政府化解金融风险方面的任务繁重与地方政府本身的金融专业力量不足之间的矛盾，导致地方政府防范化解重大风险的能力捉襟见肘

随着我国经济增速的放缓和发展方式的转变，地方政府面临的经济金融风险压力不断增大，老百姓的金融安全意识亟待提升，而地方政府自身的金融专业人士又相对稀缺，很难满足社会管理的需要。这个问题还表现在全社会金融防范意识和能力提升与金融机构责任不匹配，需要金融机构的专业人士走出机构，补充社会专业力量，为政府、企业、社会提供公益服务。

以上问题从不同角度反映出当下金融供给方与需求方的不对

称，表现为金融专业性、专营性，与需求的综合性、复杂性之间的矛盾，反映出金融机构还没有真正担起服务实体、全心服务企业的职责。

金融顾问制度是金融供给侧结构性改革的浙江实践

2018年中央经济工作会议明确指出：我国经济运行主要矛盾仍然是供给侧结构性的，必须坚持以供给侧结构性改革为主线不动摇。2018年11月，为打好防范化解金融风险攻坚战，促进经济金融持续健康发展，金融顾问制度作为供给侧结构性改革的制度创新被提出，开始在浙江试点运行。2019年2月，中共中央政治局在第十三次集体学习时，"金融供给侧结构性改革"第一次被提出，会上提出要深化对国际国内金融形势的认识，正确把握金融本质，深化金融供给侧结构性改革。

当前，金融不平衡、不充分发展是我国金融体系长期存在的深层次、结构性矛盾，也是制约服务实体经济质效的关键因素。中央提出金融供给侧改革，其实质就是要回归金融服务经济发展的初心和本源，以客观需求为导向来设计金融制度、金融工具、金融产品，实现金融服务与实体需求的对称和匹配。**金融顾问制度就是基于回归服务实体经济发展需求初心，实现供需匹配，是一个系统工程，要打破供需篱笆，实现供给方与需求方的良性互动。**自创立以来，金融顾问制度坚持金融的功能性为第一性，推动金融服务从"打猎"文化走向"种田"文化；推动金融专业人士走出牌照限制，从企业员工考核走向社会价值认同；推动金融机构围绕客户需求提供"综合化"的金融服务。金融顾问制度通过"1＋N"的综合金融服务模式，从制度上优化金融供给，开启金融供给侧结构性改革的浙江实践。

金融顾问制度设计

金融顾问制度定位

金融顾问是指金融机构、会计师事务所、律师事务所、股权投资机构、相关行业协会等单位委派，运用自身的专业知识和技能，为地方政府和企业提供金融规划、投融资、金融风险防范与处置、法律与财务等咨询服务的专业人员。金融顾问定位于当好**政府的"金融子弟兵"、企业的"金融家庭医生"和居民的"金融理财咨询师"**，发挥金融顾问服务实体经济、充当地方政府金融智库、帮助企业合理运用金融工具、指导企业做好风险防控、帮助居民做好投资者教育工作等职责。金融顾问制度是金融机构和中介机构金融服务功能的一种延伸。金融顾问服务原则上不收取费用，由地方政府提供指导支持，金融机构、中介机构提供相关人才和经费支持。**每位金融顾问每年至少开展6次公益咨询服**

务，每家金融顾问工作室每年组织至少 2 场金融专题培训和 10 场入企帮扶活动。

金融顾问制度推进体系

一项创新制度的试点、推广，顶层设计非常重要。推进体系具体为：**一是由浙江省委金融委员会办公室（原浙江省地方金融监督管理局）指导**。省委金融委员会办公室负责统筹协调辖区内的金融相关工作，做好属地金融风险防范和处置的协调、督促、落实。金融顾问制度由原浙江省地方金融监督管理局出台专项指导意见，建立起省市县三级联动机制，指导该创新制度的创设。**二是成立浙商总会金融服务委员会**（以下简称"金服会"）。通过搭建非营利性、联合性的行业组织，凝聚金融机构、中介服务机构的力量，加强对金融顾问的日常管理，推动金融顾问工作的开展。**三是成立秘书处和专家组**。秘书处负责金融顾问日常工作，优化管理并做好组织保障。同时，围绕纾困帮扶、中小企业服务、IPO（首次公开募股）及再融资、并购重组、债券融资、银行融资、股权投资、法律会计服务等重点需求，由细分领域的资深专家组成 8 个专业化的高级顾问团队，解决金融顾问服务过程中遇到的疑难杂症，为金融顾问入企服务提供专业支撑。**四是成立金融顾问工作室**。工作室是各地金融顾问的活动平台，通过组织各类活动加强当地金融顾问协同合作，凝聚队伍力量，搭建金融顾问与地方政府部门、企业密切联系的桥梁。截至 2023 年年末，已组建 93 个金融顾问工作室（见图 2-1），营造出区域内良好的金融服务生态。

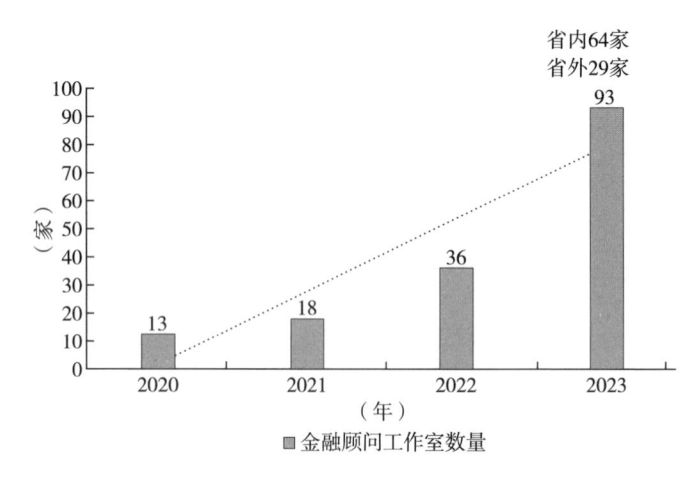

图 2-1　2020—2023 年金融顾问工作室设立情况

金融顾问选拔聘用

选聘金融专业人才是金融顾问工作的重要基础，金融顾问既要有良好的金融专业知识、丰富的金融从业经验，还要有公益之心、利他之心，才能够胜任该项工作。金融顾问候选人由各级金融工作部门及银行、证券、保险、私募基金、会计师事务所、律师事务所等各类金融机构和中介服务机构推荐。被推荐人员是具有金融从业经历的专家型人才，根据相应条件可被聘任为县级、市级、省级金融顾问。金服会为金融顾问颁发聘书，聘期 3 年，期满考核合格可以续聘。金融顾问离职或不再从事相关金融服务工作，予以解聘。截至目前，104家金融机构、中介服务机构已组建了一支3 400余人的金融顾问专业队伍（见图2-2）。

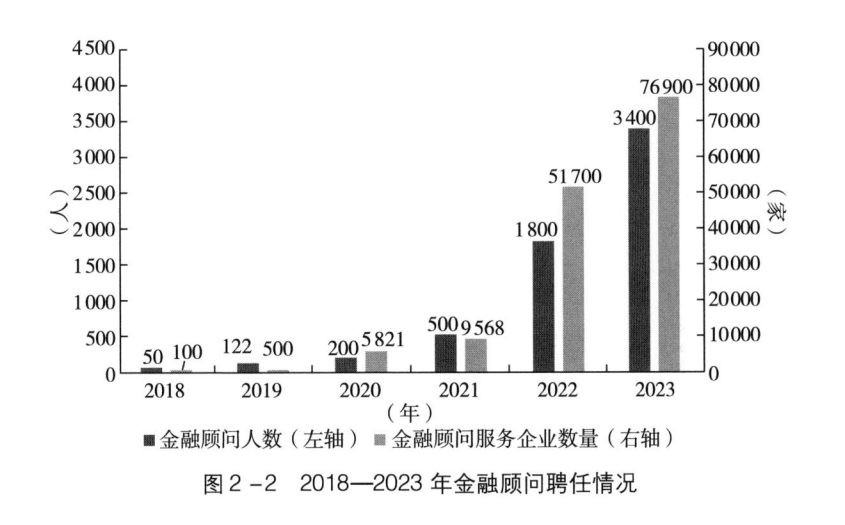

图2-2　2018—2023年金融顾问聘任情况

年份	金融顾问人数（人）	金融顾问服务企业数量（家）
2018	50	100
2019	122	500
2020	200	5 821
2021	500	9 568
2022	1 800	51 700
2023	3 400	76 900

金融顾问服务内容

金融顾问主要提供以下七个方面的服务。**一是政策咨询**，为企业解读国家金融法律、法规和政策，帮助企业了解金融市场动态，为企业提供金融等知识培训。**二是投融资服务**，帮助企业制订投资计划，拓宽融资渠道，合理运用金融工具；协助企业优化融资结构，落实融资方案，降低融资成本；指导企业股改，优化股权结构，对接资本市场；指导企业围绕产业链开展境内外并购重组。**三是风险防范**，帮助企业完善法人治理，提升经营管理；

帮助企业建立健全内控制度，加强流动性管理；指导企业化解资金链和担保链、股权质押等存量风险，防范增量风险。**四是综合服务**，发挥各自的专业能力和资源优势，为企业提供专业方案、推荐服务机构、寻找投资标的以及协调其他金融资源等。**五是参谋助手**，协助地方政府加强金融管理，完善金融发展规划和政策措施，推进金融改革创新，搭建政府与金融机构协作机制，防范和处置区域金融风险；帮助政府部门开展专业培训，提高政企金融管理能力水平。**六是信息反馈**，通过对相关企业的服务，总结提炼企业实际面临的阶段性困难，向地方政府、监管当局反馈各类信息，助力地方政府部门出台相应的帮扶政策及纾困方案。**七是投资者教育**，主动走进社区、校园、产业园等社会群体中，做好金融知识宣传和金融安全教育，协助提高居民反诈能力和金融素养。

金融顾问管理体系

金融系统需要建立金融顾问制度长效运作的管理体系。**一是筛选与培训机制**。金融顾问的选聘坚持"专家型"原则，制定金融顾问的标准体系，按照"综合素质高、专业能力强、业务知识宽"等要求，持续做好金融顾问的培训工作，举办任职培训班，开发网络学习课程，鼓励金融顾问通过考试取得公司金融顾问证书（CFC），通过严格的筛选、培训、资格认证考试后，符合条件的纳入金融顾问队伍，控制数量、从严把关。**二是组队**

服务机制。明确"1+N"的综合金融服务模式（见图2-3），"1"即金融顾问个人，"N"即金融顾问背后的派出机构、金服会、金融机构等N种金融资源和力量。金融顾问在服务时，不仅利用自身专业能力帮助客户解决问题，也可以协调其他各类金融机构、金融顾问开展综合化的服务。**三是激励引导机制**。制定《金融顾问行为规范》《金融顾问服务协议》，规范金融顾问执业行为；

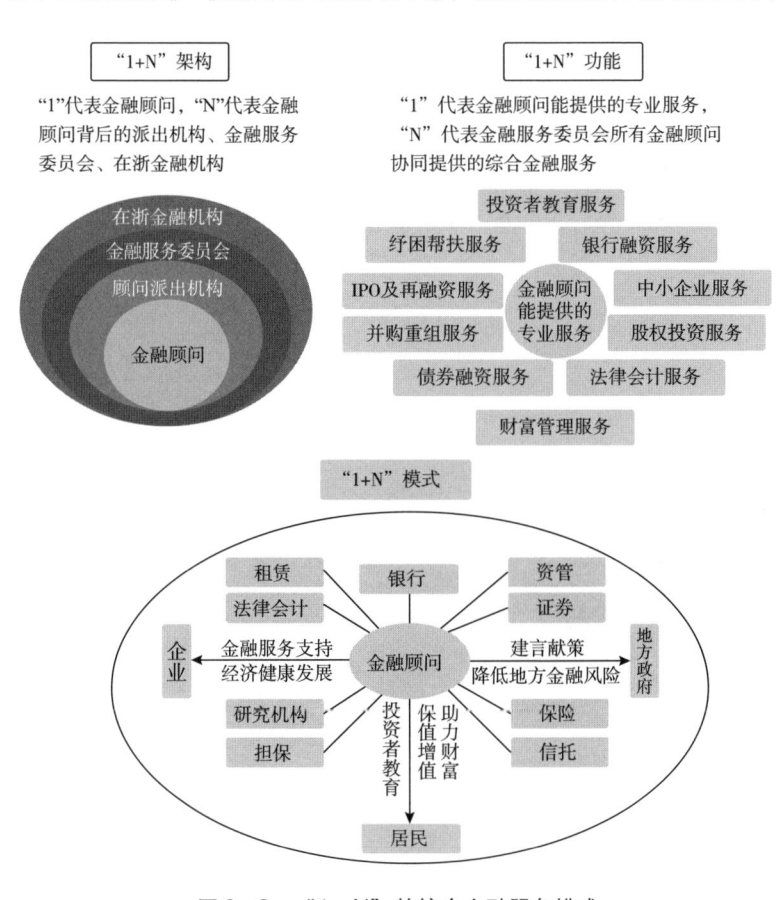

"1+N"架构
"1"代表金融顾问，"N"代表金融顾问背后的派出机构、金融服务委员会、在浙金融机构

"1+N"功能
"1"代表金融顾问能提供的专业服务，"N"代表金融服务委员会所有金融顾问协同提供的综合金融服务

"1+N"模式

图2-3 "1+N"的综合金融服务模式

第二章 善本金融的探索起点：金融顾问制度 / 41

表彰先进典型，组织"金渠榜"推选活动，表彰"金牌顾问"、"经典案例"和"先锋机构"，提升金融顾问的社会荣誉感和使命感。**四是数智管理机制。**通过开发"金融顾问数字化平台"（见图2-4），加强对金融顾问的日常管理，通过数智平台

图2-4　金融顾问数字化管理服务系统

实现履职打卡、揭榜挂帅、服务协同、培训考核、活动通知等功能，从而提高金融顾问服务的质效。

金融顾问制度的理论分析

金融顾问制度的公益性分析

金融顾问制度的公益性是指金融顾问制度坚持公益为导向，制度设计、运行不以追求金融顾问个人或金融机构经济效益为目标，而是旨在通过提供公益性的金融服务解决金融供给不足、金融排斥问题，提高社会福祉，强调金融活动的社会责任感和社会贡献。

1. 金融具有明显的准公共品属性

（1）准公共品特性分析。萨缪尔森提出，纯公共品区别于纯私人物品的三个显著特征是：效用的不可分割性、消费的非竞争性和受益的非排他性。介于纯公共品和纯私人物品之间的产品称为准公共品。准公共品除了"中间性"特征，还可能包括收益性、不确定性与外部性等特征。其中收益性是指"该物品除了满足公众所需要的社会效益以外，还可以在一定条件下满足投资经营者自身的营利性要求（比如公园收费）"；不确定性是指其"本身具有不稳定性，或成为纯公共品，或成为私人物品，这取决于一定制度条件下项目投资主体、投资方式和经营方式的选择"；外部性则是指这类物品的消费会产生或正或负的外部效应，由于消费者无法拒绝或排除这种效应，因此具有公共性。欧文·E.休斯进一步将准公共品分成了九大类，即自然资源类、交通运输类、能源类、教育类、卫生类、通信类、公用设施类、传媒类、金融保险类。

（2）金融行业准公共品属性分析。以金融业中尤为典型的银行业为例，学者彭金辉认为，银行业准公共品特征主要表现为如下几个方面。一是银行业尤其是中国银行业的特许经营牌照所派生的天然垄断地位。我国银行业尤其是国有银行的垄断地位还带有行政色彩，更凸显了其准公共品的特质。二是银行业的经营特性特别是其产出效用的广泛性。银行业既具有巨大的外部治理成本，也能产生外部治理的收益。银行业经营失败的影响比其他行业要大得多，任何分支机构的问题都较一般的企业有更高的概率触发全局崩盘。三是银行业的制度性输入和输出的外部性。银行的经济调节职能、信用中介职能与信用创造职能，承担着银行业的制度性输入和输出功能。商业银行从支付结算、信用中介等角度，密切联系政府、企业和居民等广泛的市场主体，使得它对整个社会经济活动的影响十分显著，在整个金融体系乃至国民经济中位居特殊而重要的地位。随着市场经济的发展和全球经济的一体化发展，现在的商业银行已经凸显了职能多元化的发展趋势。

证券、保险等其他金融机构同样作为金融市场的重要参与者，其稳健经营和风险控制对于维护金融市场的稳定具有重要作用，所提供金融服务准公共品的属性也十分明显。金融业中的证券公司是投资权益保护的重要主体，履行信息披露义务，确保市场公平、公正、透明，维护广大投资者的切身利益；证券公司又是金融基础设施建设的重要参与者，在金融市场上发挥着重要的中介作用，为投资者提供交易平台和金融服务；证券公司还是金融创新和经济发展的重要参与者，作为金融创新的重要力量，可以为经济发展提供多元化的投融资渠道和支持，帮助企业实现直接融资，推动经济发展和转型升级。金融业中的保险机构提供产品和服务是风险管理的一种方法或风险转移的一种机制，保险的作用就在于分散风险、分摊损失，因而具有"互助共济"的功能，对公众利益具有正向外部性，也具有准公共品属性。

2. 金融排斥的现实存在

金融排斥（financial exclusion）是指社会中的某些群体没有能力进入金融体系，没有能力以恰当的形式获得必要的金融服务。现实中，由于交易成本、信息不对称以及不确定性的存在，存在金融机构因不经济、效益不明显等原因不愿意甚至拒绝为部分主体提供金融服务。以富人和大企业为代表的强势主体成为金融机构的座上宾，而以穷人和小微企业为代表的弱势主体往往难以获得金融机构的服务，有些主体被排斥在正规金融体系之外，无法获取金融服务。学者袁康（2016）认为，金融排斥的主要表现为：一是地理排斥，即由于金融机构网点的分布不平衡，部分群体因为地理因素的制约导致其获取金融服务难度大、成本高，或者是因为当地缺少分支机构和网点而无法获取金融服务，例如正规金融机构在农村地区不设置分支机构或其他基础设施；二是条件排斥，即金融机构在提供金融产品和服务时附加了不合理的条件，使得不满足这些条件的主体因无法满足资格要求而不能获取金融服务，例如银行在发放贷款时设置不合理的抵押物要求；三是价格排斥，即金融产品和服务定价超出了部分主体的承受能力，导致这些主体无法获取金融服务，例如银行在发放贷款时对客户设定高利率要求、收取账户管理费或者其他综合回报要求；四是评估排斥，是指金融机构以风险评估为手段，设置较高的准入条件对客户群体进行筛选，部分主体因无法通过评估而不能获得金融服务，例如银行对经济欠发达地区"圈红"从而不在当地提供信贷服务；五是营销排斥，即金融机构在进行市场营销的过程中将部分经济主体排除在目标市场之外；六是自我排斥，即相应主体因不需要金融服务或者自身经历和心理因素导致其主动将自身排斥在正规金融体系之外。

3. 金融顾问制度的公益性契合准公共产品理论逻辑

金融顾问制度以公益性为导向，旨在扩大金融服务供给，缓解金融排斥现象，让金融惠及更多市场主体。一方面，金融顾问制度拓宽金融服务供给渠道，提升金融服务获取便利性，以公益性服务供给消除金融服务中的歧视，降低了金融服务门槛，有针对性地为被排斥的弱势主体提供适合的金融服务，有助于消减金融排斥现象。另一方面，基于金融服务的准公共品属性及金融服务在经济社会中的重要作用，金融服务类似于水电煤气、医疗、教育、公共交通等生活工作的必需品，金融顾问制度在不经济、效益不明显但社会有需求的场景中，以公益为导向，促进扩大"金融服务"必需品供给，促进金融活动的利益在参加者之间实现公平共享，而且能够惠及更多人，提升社会整体利益。

金融顾问制度的综合性分析

金融顾问制度的综合性是指金融顾问在为企业、政府和居民提供咨询服务时，能够推动金融专业人士走出牌照限制，通过"1+N"服务模式，整合多方面的信息和资源，结合客户的实际情况和需求，提供全面、专业、便捷的一站式综合服务方案。

1. 从金融生态理论角度看金融顾问制度的综合性

（1）金融生态理论的基本内涵。金融生态理论认为，金融生态是金融主体与其赖以生存和发展的金融生态环境所共同形成的动态平衡系统，其中金融生态主体包括银行、证券、保险等金融机构及金融监管机构等；金融生态环境主要包括与金融主体紧密相关的政治环境、经济环境、社会环境、法律环境、信用环境等，也包括金融体系内部的金融机构等要素环境。和谐的金融生态是金融与经济共生共荣、全面可持续发展的重要表现，在政策层面可以通过完善法律制度来改进金融生态环境，从而推动整个金融系统的发展。

（2）金融顾问制度的综合性对于构建和谐金融生态的意义。金融顾问制度的典型特征是通过"1＋N"服务模式建立了一个包括金融管理部门、金融机构、中介服务机构、金融专业人员等金融主体在内的多样化的金融生态系统，聚合了跨行业、开放式的金融生态要素，共同为实体经济、居民部门等各类主体提供精准滴灌型普惠金融供给。对于金融机构乃至金融体系而言，通过金融顾问制度生态体系的构建，能够推动金融服务从"打猎"方式转向"种田"方式，从"以牌照为中心"的专项服务转向"以客户为中心"的综合服务；优化金融资源流动和配置，引导金融"活水"浇灌实体经济，促进金融对实体经济企业的"陪伴式"支持。在实践中还发现，以金融顾问制度为纽带构建的综合金融服务生态系统具有内生性自发式扩展功能，主要表现在生态系统内的各要素通过自发的沟通配合，能够形成更多延展性的服务模式创新。

2. 从新制度经济学理论看金融顾问制度的综合性

（1）金融顾问制度是基于功能目标的制度安排。新制度经济学理论是相对于旧制度学派和古典学派理论而言的。该理论的开创者和代表人物是科斯,其经典论文《企业的性质》和《社会成本问题》从交易成本和外部性两个角度研究经济组织的制度形式,其中交易成本是新制度经济学分析的起点,主要指获得准确的市场信息需要付出的成本,以及谈判和经常性契约的成本。交易成本是决定企业与市场边界的重要因素,当市场失灵时,有更低交易成本的组织(如企业)是对市场机制的有效替代。在其之后,威廉姆森正式提出"新制度经济学"概念,并解释了交易成本出现的原因,即有限的理性思考、机会主义和资产专用性。同时,新制度经济学理论对制度的内涵进行了界定,提出制度是市场经济运行的内生变量,主要包括四类:一是用于降低交易成本的制度;二是用于影响生产要素所有者之间配置风险的制度;三是用于提供组织与个人之间资金流关系的制度;四是用于确立公共品和服务的生产与分配框架的制度,有效率的制度能够促进经济发展。制度安排是制度的具体化,制度安排的功能和目的是通过提供一种规则来减少不确定性,节省交易成本,为实现合作创造条件,从而提高经济效益。

(2)金融顾问制度的综合性优化市场经济运行的内生变量。金融顾问制度的"1+N综合金融服务模式"作为一项制度创新和制度安排,对新制度经济学发展的价值贡献在于,以一种新的组织形式或制度安排,建立了交易成本、企业边界与市场效率之间的新型关系模型,具体体现在三个方面。**一是降低了经济金融运行中的交易成本。**在金融顾问制度体系中,金融顾问发挥出政府、金融机构和企业之间的"桥梁"作用，尤其是降低了金融机构和企业获得对方准确信息需要付出的搜寻成本，以及双方基于机会主义的谈判成本和契约成本。这种成本的节省，提高了企业获得更多综合金融服务的可能性，例如获得更多贷款额度、更低贷款利率和更长贷款期限的可能性，有利于降低企业财务成本，是更好地发挥市场在金融资源配置中的决定性作用的重要体现。**二是拓展了金融机构的服务边界**。正是因为金融顾问制度有效降低了交易成本，才拓宽了金融组织的服务边界。金融顾问走出所在金融机构的"牌照约束"，被赋予公益性质的社会身份，从而突破了人力资产的专用性约束。金融顾问按照制度规则走进政府、企业和居民中开展服务，提高了社会的资源配置效率，促进金融组织与市场之间形成动态均衡。**三是以制度形式为金融机构之间的合作创造了条件**。在金融顾问制度框架中，政府金融管理部门发挥出指导作用，有效解决了金融机构成员单位之间的集体行动问题，这为成员单位之间形成更优合力创造了条件。同时，作为一种独特制度安排，"金融顾问工作室"为金融顾问之间、金融顾问成员单位之间的合作提供了交流与信息分享场所和平台。

金融顾问制度的社会价值性分析

金融顾问制度的社会价值性是指金融顾问服务对经济增长、社会发展和民生改善的积极作用。金融顾问服务不仅在金融领域发挥支持市场交易、优化资金配置、促进经济增长的重要作用，还能在促进个人发展、调节收入分配、促进社会公平等更广泛的社会领域产生积极影响。

1. 金融功能的演进与拓展

所谓金融功能，就是金融工具、金融机构以及整个金融体系对经济社会发展所具有的功能和作用。白钦先和谭庆华（2006）对金融功能进行了较为系统的论述，并将金融功能划分为四个具有递进关系的层次：**第一层次**是基础功能，即金融的服务功能和中介功能；**第二层次**是核心功能，即金融的资源配置功能；**第三层次**是扩展功能，包括经济调节功能和风险规避功能；**第四层次**为衍生功能，包括风险交易、信息传递、公司治理、引导消费、区域协调、财富再分配等功能。从金融功能理论的表述来看，金融的功能发展具有两个基本趋势：一方面是通过中介服务、资源配置、微观风险管理和公司治理等功能发挥，来服务经济运转、获取经济收益的"产业性"特征仍然占据主导；另一方面则是随着金融发展程度的深化，以社会整体福利提升为核心的经济调控、区域协调、财富分配等"功能性"特征衍生出来并逐步受到关注。随着金融面临的经济发展环境的变化，金融的功能需求与金融机构所能履行的功能层次随之改变，金融制度安排、金融组织形式和市场形态同样须进行相应的调整以适应变化了的金融需求。金融顾问制度的诞生顺应了金融功能演化的历史趋势，其建立的目的即在优化金融机构个体"产业性"的基础上，更多关注金融系统服务经济社会的"功能性"，更好实现金融发展的社会价值和经济效益。金融顾问制度体现了金融功能第一性要求。

2. 金融发展的社会公平效应

金融在调节收入分配和消除贫困方面的功能开始受到前所未有的重视，金融发展的社会公平效应逐渐被认识和接受。关于金融发展的社会公平效应，起始于金融发展对收入分配的影响。格林伍德和约瓦诺维奇（Greenwood、Jovanovic，1990）开创性地揭示了金融发展与收入分配的关系：由于财富门槛的存在，在金融发展的初期，穷人无力负担融资成本而被排斥在金融市场外，只有富人才能进入金融市场融资，并投资于高风险回报率的项目，这样穷人和富人之间的收入差距会拉大；但是，随着金融中介的进一步发展，以及穷人通过财富积累实现对门槛的跨越，穷人逐渐也能获得相应的金融服务，并得到较高的投资收益，穷人与富人之间的收入差距将会缩小。因此，在一国经济发展的初期，金融发展将会扩大收入差距，但从长期来看，随着收入的增长和金融市场的成熟，更多的人开始进入金融市场，收入差距会逐渐缩小，直至收敛到平等水平，即金融发展和收入分配的关系服从"库兹涅茨效应"的倒 U 形轨迹。克拉克等人（Clarke、Xu、Zou，2003）用全球数据对金融发展和收入分配之间的关系进行了分析，得出了金融发展会显著降低一国的收入分配差距的结论。

3. 金融社会价值的分析

当前，金融社会化越发明显。金融社会化是指金融机构和社会成员共同形成有助于经济社会发展的金融环境和金融行为的过程（邹力行，2011）。同时，作为一种稀缺资源，金融既是资源配置的对象，又是配置其他资源的方式或者手段，它不仅影响到财富的分配，还会影响到人的社会机会，从而影响人的生存和发展。从马克斯·韦伯首倡，社会学家开始以社会学的视角去关注金融与社会的互动，金融社会学由此诞生。在金融社会学的视野里，金融领域不再是纯粹的经济活动的场所，而是充满社会关系和社会结构的领域，同时又被社会的力量所塑造着。社会学家认为金融行为最根本的还是社会人的行为，金融行为的本质是在社会层面的互动与交流。金融社会学不仅研究着金融市场运行的社会动力机制，而且也关注着金融发展与社会公平、金融技术的社会影响等方面的议题。

金融的社会功能随着对金融体系的认识逐步深化和拓展而开始被重视，并逐渐与金融的经济功能相区分。金融的经济功能侧重于对效率的追求，强调通过金融资源的有效配置促进经济的增长。而金融的社会功能则侧重于对公平的追求，强调通过金融资源的合理配置实现社会公平。金融的社会功能所强调的金融发展带来的调节收入分配、减轻贫困、消除不平等、保护环境等，归根结底是社会公平的问题。金融顾问制度注重被忽视的社会功能价值，注重投资者教育、中小企业金融供给和企业纾困，通过发挥金融顾问的主观能动性促进个体和社会发展，调节收入分配，提升社会整体福利。

金融顾问制度的实践探索

截至2023年年末，据不完全统计，金融顾问累计对接企业8.23万家，累计落实融资5 554.96亿元。金融顾问主要在以下几方面进行了积极实践和探索。

聚焦重大战略，当好政府的"金融子弟兵"

一是助力营商环境优化提升。联合地方金融工作部门，搭建"金融顾问工作室"物理网点，为地方企业排忧解难，每家工作室全年开展公益活动不少于10次。2023年以来，金服会牵头组织各类主题活动86场，推动金融顾问工作室开展走进产业园、重点产业链和商协会活动1 304场。如在杭州，金融顾问工作室下设"联络站"，与省十大重点产业链行业协会签订金融顾问服务协议，为企业提供"1＋N"链式综合金融等服务；在上城区行政服务中心，设立金融顾问"增值服务专窗"，安排金融顾问轮值，为企业和百姓提供公益金融咨询服务；联合滨江区科技金融服务中心为企业提供各类金融服务，累计举办银企对接、项目路演、专题培训等活动20余场，先后帮助辖内相关企业解决融资超60亿元，其中中小科技企业融资超10亿元。

二是助力数字经济创新提质。持续推进数字化赋能，把金融顾问服务嵌入各类数字化场景，如让企业通过"浙里办—凤凰丹穴""金服宝·小微""手机银行＋企业网银"等数字化平台就可以获得金融顾问服务。金服会已通过线上渠道推出400余名数字形态的金融顾问，实现金融顾问线上"问诊把脉"。又如持续开发迭代"金融顾问企微平台"8版管理系统和16个微应用，加强金融顾问数智化的日常管理，邀请11个地市金融部门负责人及3 400余名金融顾问入驻。2023年以来，通过"揭榜挂帅"功能已解决企业需求订单6 060个；通过直播大赛，打造"金牌顾问"9人，制作发布"金牌顾问"视频号节目39期；编发公众号、企微等文章200余篇。

三是助力"地瓜经济"提能升级。金服会联合中国银行、进出口银行、浙商银行、中信保等金融机构为浙江省外向型经济提供不少于300亿元人民币的专项资金，支持浙商境内外双循环一体化发展，征集到20多个国家的57个海外项目需求，协助18个项目成功落地。金服会成员单位依托全国分支机构，成立省外金融顾问工作室29家，服务全国、全球浙商，架起了金融要素配置的枢纽桥梁；温州金融顾问工作室针对遍布全球的温商，开发异地温商服务数字化系统，输出金融顾问服务。

案例 2-1

金融顾问以数字化牵手温州民政，赋能政务服务增值化改革

浙江温州地区的民政部门面临人手少、社会组织数量庞大、管理服务集成度低、专业人员匮乏、线上化水平有待提升的现状，同时，在社会组织中，大部分中小社会组织信息化建设薄弱，对内缺少数字化的成员管理手段，办事流程不顺畅，存在材料多头提交与线下多处办理的情况。

为此，浙商银行金融顾问服务团在全国首创了"温州民政社会组织数字化平台"，将社会组织办事流程线上化，实现了办事"一次都不用跑"，提升了政府部门与社会组织的办事体验。该平台创新性地提供了"6+8+X"重点服务：平台提供年检、登记、备案、等级评估、公益创投、预警6项民政管理服务；设计人力、公益、金服、办公、党宣、财务、安保、撮合8个组织管理服务模块，加强内部管理能力与组织水平；同时，根据未来需要定制X个服务子模块，不断满足民政部门与社会组织的发展需求。该平台创新性地打造了以服务接入形成政府生态监管链的模式，为数字化赋能民政部门提供了可向全国复制的金融顾问服务案例，自2023年4月下旬试运行

以来，已吸引温州市社会组织发展基金会等60余家社会组织入驻。

案例 2-2

"金融子弟兵"帮助小微企业纾困，创新"奉化模式"

2022年，为贯彻落实国家有关强化支持小微企业发展的政策精神，有效缓解新冠疫情对小微企业的冲击，扎实助力"六稳、六保"，宁波金融顾问小组充分发挥政府的"金融子弟兵"和企业的"金融家庭医生"职责定位，针对政府纾困补贴资金相对较少，难以有效解决企业资金缺口，提出"直补改为贴息、银行主动减息、贷款精准纾困，放大帮扶杠杆"的综合金融助企纾困方案，创新推出"纾困贷"产品，以有限的补贴资金撬动近50倍的贷款资金，不仅为企业"救急"，更着眼于帮助企业稳健发展，形成了金融助企纾困的"奉化模式"，在宁波市下辖7个县市区实施推广，区政府提供总计3亿元的财政贴息资金，撬动了宁波全市中小企业增量融资160亿元。

"奉化模式"开通全流程绿色通道，做到即来即审、即批即放，第一时间满足助企纾困。金融顾问团队打破机构界限、岗位界限，采用"流水线"作业，确保每一位企业均有专人对接，每一个环节均有专人负责，每一笔业务均有专人跟踪，真正打造"一分钟"融资、"一站式"服务、"一次性"办结的信贷体验。仅在3天内，金融顾问就对接企业144户，对接金额2.3亿元。金融顾问小组组长带队，积极对接各县市区政府，推动复制奉化模式，结合不同区域经济实际和特色，先后与宁海县、象山县、余姚市、镇海区、鄞州区、慈溪市等签署《全面深化战略合作协议》，在各区域内聚焦小微企业、个体工商户等市场主体，使纾困模式得到全面复制落地。

案例 2-3

金融顾问守正创新，全国首单包含数据知识产权的证券化业务成功落地

近年来，为充分激活数据要素价值，赋能实体经济发展，杭州市高新区（滨江）以数据资产化为着力点，推动数据知识产权制度改革，研究探索数据知识产权质押融资新路径。杭州高新区（滨江）金融顾问工作室积极带领业务团队为高新区政府出谋划策，通过半年多的目标企业走访、前期尽调、项目审批与申报，于2023年7月7日，助力杭州高新金投控股集团有限公司2023年度第一期高新区（滨江）数据知识产权定向资产支持票据

（ABN）在中国银行间市场交易商协会成功发行。该项目作为全国首单包含数据知识产权的证券化项目，在实操层面形成了数据要素产权化的有效新路径，打破传统融资方式，实现"知产"变资产、"数据"成红利的突破。

这是全国首单包含数据知识产权的证券化产品，也是浙江省自贸区首单知识产权证券化产品，充分体现了金融顾问工作室"1+N"发挥出的协同创新优势，助力政府发挥统筹协调功能；进一步提高了知识产权证券化质效，打破了数据知识产权质押在传统银行表内融资处于"盲区"的局面。

聚焦服务实体经济，当好企业"金融家庭医生"

一是以"1+N"综合金融服务伴随企业成长。根据企业实际进行诊断并设计金融解决方案，提供"融资+融智"的综合金融服务。如金融顾问创新"保险+期货+融资"综合服务，助力养殖户穿越"猪周期"。该试点项目共有123家农户参加，农户自缴342.5万元，撬动外部多方资金支持1 650万元，为衢江区、龙游县等5个山区县20多万头生猪提供了5亿元的风险保障。从2022年3月份项目试点以来，参保农户户均生猪养殖规模扩大33%，现货增收超过3.5亿元。

二是以"客户为中心"创新金融产品。如金融顾问运用"政府性担保+银行创新产品"，助力台胞企业融合发展；推动省融资担保公司制定《支持台胞中小企业高质量发展的实施方案》，为台胞企业争取与大陆企业同等的融资待遇，再创新运用"助残共富保"专项担保产品，帮助盲行健康管理公司顺利获得400万元贷款。

三是以"金融向善"理念助力企业纾困解难。如新冠疫情期间，金服会下发倡议书，号召104家成员单位一起开展助企行动。据不完全统计，共有24家成员单位出台惠企政策103项，进一步加大企业减费让利力度。又如为化解长兴县湖羊行业因经济下行、消费低迷造成的农户普遍面临资金短缺困境，银行、金融租赁、担保公司等10余人组成的金融顾问团实地走访调研，经专题研究后形成帮扶方案，陆续为相关困难企业累计贷款1 000余万元。

案例 2-4

精准把脉，综合服务，助力科创企业高质量发展

浙江某科技公司成立于2017年，注册资金1 250万元，是一家集研究、开发、生产和销售一体化的科技型企业。2022年，企业遭遇疫情冲击导致融资困难，虽然企业具有技术优势，但由于高新企业技术研发投入高、人力成本投入大、现金流紧张，使其短期内无法产生直接经济效益。

企业面临发展瓶颈，亟须金融支持和帮扶。金融顾问小组收到求助信息后第一时间组织了"问诊把脉"，找准了当前该企业发展中存在的银行融资缺乏抵押物、对股权融资缺乏信心、路演渠道有限等问题症结，联动银行、券商、律师事务所等单位协同合作，为企业量身制订了服务方案：一是综合运用科创贷、项目贷等银行融资产品，加强信贷支持的同时，进一步帮助企业降低融资成本；二是协助企业引入股权投资机构，确定未来上市主体，完善股权架构，为后续上市打好基础；三是组建券商、会计师事务所、律所等团队为企业提供上市辅导。在金融顾问的大力支持下，向多家私募股权机构及上市公司路演推荐，成功帮助企业对接某上市公司，引进战略投资资金 2 000 万元，公司投后估值实现翻番达到 1 亿元人民币。目前，公司已克服疫情影响，逆势实现快速发展，与此同时，其股份制改造正在推进中，朝着在资本市场上市的目标稳步迈进。

案例 2-5

证券、银行、国资联合会诊，专项纾困助企化解流动性危机

杭州市西湖区两家创业板上市的优质民营企业，是辖区内医疗服务行业和互联网数字经济代表,两家公司均拥有多项核心技术,经营稳健,管理规范。2018年,受宏观经济"三期叠加"、中美贸易摩擦等因素的影响,上述两家公司股价持续下跌,控股股东的存量股票质押比例被抬高到警戒线以上,遭遇流动性压力。

股票质押是证券公司的信用业务,有严格的准入条件和合规要求,正常的业务申报流程难以通过公司的风险合规审核,也不符合监管政策的规定。由财通证券、杭州联合银行组成的金融顾问服务团带领专业团队走访问诊企业,联络相关业务部门,积极商讨纾困解决方案,联合西湖区国资共同出资设立纾困专项基金(定向资产管理计划),分别于2019年2月和11月,帮助两家上市公司获得纾困基金提供的股票质押纾困支持,融资利率低于市场价。通过纾困资金的支持,两家上市公司控股股东的股票质押比例从峰值回落,大大缓解了流动性压力,及时化解了区域内的企业金融风险。

上述两家上市公司属于典型的暂时陷入流动性风险但有发展前景的民营企业,金融顾问在当前的社会环境下,精准地识别出客户需求和客户风险,帮助企业度过危机,让金融回归功能属性。

聚焦服务共同富裕,当好居民"金融理财咨询师"

一是开展多层次投资者教育活动促共富。组织金融顾问走进社区、走进企业、走进学校，开展"百县千场"投资者教育活动，强化金融风险防范宣传，提高居民反诈防骗意识，提升公众金融素养。2023年以来，推动组织投资者教育活动1 330场。**二是走进"山区26县"精准帮扶促共富。**推进山区26县金融顾问制度落地，成立金融顾问工作室9个，发展壮大山区县金融顾问队伍460余人；专题组织山区26县、海岛县和上市公司"空白县"金融方面培训活动；配合省经信厅产业促共富工作，组建36人金融顾问服务团，为全省18对强县与弱县制造业高质量发展结对帮扶项目，提供"一对一"精准金融服务。**三是开展"理念＋业务＋公益"的支援行动促共富。**金融顾问组团走进新疆阿克苏地区和四川凉山，组织金融系列活动19场，传播浙江经验；助力当地国企改革与乡村振兴，帮助阿克苏绿色实业公司发行绿色债券10亿元；向两地多所学校捐赠近130万元，帮助当地学生添置教学设备，金融顾问与10余位困难学生建立长期结对助学关系。**四是创新推广慈善信托促共富。**金融顾问通过对政府部门、监管部门、金融同业、慈善组织等大量走访调研，找到慈善信托这一金融助力资本向善的可行路径，协助制订金融助力企业家善行计划，连接不同类型机构信息、资源、专业优势，助力研发善本信托产品，搭建产品架构，完善服务体系，推动善行计划落地实施。

案例 2-6

乡村"金融顾问"服务，温情直达田间地头

嘉兴金融顾问团积极践行公益理念，在群众中广泛开展投资者教育、财富管理教育等，相关金融机构的金融顾问持续串联起乡村金融服务的点、线、面，目前已开展各类宣传活动近100场次，触达群众超10 000人次。

一是守护老百姓的"钱袋子"。2022年5月，嘉兴市海盐县开展"守根脉、保平安、办实事"网格大走访。嘉兴海盐的金融顾问，来到澉浦镇保山村，走访了800余户农户、2 000多名村民，并向村书记提出了金融助力农村共富的设想。同时组建了12人的"保山村金融顾问"小分队，指导村民使用手机银行演示播放金融知识普及视频，学习科学理财。**二是强化反诈宣传为百姓撑腰**。金融顾问小分队给村民做反诈宣传，有村民反映，接到"银行工作人员"来电，称其"前期开立的银行账户不见了"，想要套取名字、身份证等信息。金融顾问第一时间采取应对措施，帮助联系其存款银行，对账户状态及资金情况进行核实，从而保障村民资金安全。**三是面对面交流提高反诈意识**。金融顾问小分队"上午厅堂值守，下午地头田间"，传递有温度的金融服务。嘉兴海盐村民表示，每

个月见金融顾问的次数比见自己儿女的次数都多。大部分村民有了金融顾问小分队的微信，使原本生硬的风险提示、生涩的理财知识，通过"唠家常""大白话"的方式直达老百姓的心间。

案例 2-7

金融顾问打造适老金融俱乐部，探索构建养老金融新生态

数字金融服务蓬勃发展，提升了金融服务的覆盖率、可得性、满意度，但也带来了老年群体的"数字鸿沟"问题。桐庐农商银行金融顾问服务团全资打造5060俱乐部，专为50周岁及以上女性和60周岁及以上男性退休群体提供公益服务，打造集政务、民生、文化、教育、金融等为一体的综合型助老惠老服务平台。俱乐部采用行政管理和志愿者管理相结合的方式，组建了5060帮帮团、艺术团、文体团、宣讲团等志愿者团体；联合县级相关部门，推出"低龄存时间、高龄换服务"的互助养老模式；开发"5060俱乐部"微信小程序，招募各类志愿者842名。此外，俱乐部联动桐庐县委老干部局共同推出"十百千万"幸福工程；通过"10个客户经理+100个网格员+1 000个志愿者+10 000个5060客户"服务框架，为离退休人员及老年人提供居家维修、家庭保洁、代购商品、居家陪伴、学习讲座、专家问诊、金融咨询等公益服务。

适老金融俱乐部的打造，为最需要普及金融知识、防范金融风险的老年客户群体提供了金融顾问服务新模式和新探索。服务好老年客群是适应人口年龄结构变化，积极应对客群"老龄化"、农村"空心化"、城区"门难进""人难见"等新常态，金融顾问服务助力破解农村老年群体金融服务弱化、城区老年群体服务触达不够等问题，而其中吸收志愿者、壮大志愿者队伍对做好5060适老金融服务起到了至关重要的作用，使得金融顾问服务的公益性深入人心。

聚焦打造金融改革新范式，推动从试点首创走向全国

2018年11月，浙江省地方金融监督管理局印发《建立企业金融顾问制度试点工作方案》，浙江省数十家金融机构选聘首批50名省级金融顾问在10个县市开展试点工作；2019年，金融顾问制度在浙江全省推广；2020年，金融顾问制度写入《浙江省地方金融条例》；2021年3月，人力资源和社会保障部将公司金融顾问收编至2021年新职业。2021年以来，金融顾问制度相继写入《浙江省金融业发展"十四五"规划》《关于金融支持浙江高质量发展建设共同富裕示范区的意见》等重要文件。经过多年探索实践，金融顾问制度在试点经验、制度办法、人才培养等方面已基本成熟（见图2–5）。

1.创设试点	• 2018年,时任省长袁家军在调研时指出,金融机构要帮助实体企业识别、防控、化解金融风险,金服会成立,首批选聘50名省级金融顾问开展试点
2.全省推广	• 2019年,时任省委书记车俊充分肯定金融顾问制度,明确指示要在全省加以推广,省地方金融监管局组织召开金融顾问服务实体经济工作推进会
3.法治化发展	• 2020—2021年,金融顾问制度写入《浙江省地方金融条例》《浙江省金融业发展"十四五计划"》
4.浙商银行"擎旗"	• 2022年,浙商银行出台《浙商银行实施金融顾问制度"擎旗"行动计划》,启动临平综合金融服务示范区建设
5.全国推广	• 金融顾问制度在北京、上海、甘肃等10余省推广,2023年,获各大主流媒体高度关注,央视《经济半小时》栏目进行专题深度报道

图2-5 金融顾问制度的发展历程

随着浙江金融顾问制度的影响不断扩大,北京、上海、山东、四川、广东、甘肃、内蒙古等10余个省市区来浙江考察学习,金融顾问制度已在全国16个省市区借鉴推广(见表2-1)。其中,上海、四川、甘肃、陕西等省市专门就"金融顾问"下发红头文件。北京推广"小微金融顾问服务";上海着力打造"普惠金融顾问制度",并大力开发数字化管理系统;重庆推出线上线下金融顾问机制;甘肃召开全省金融顾问启动大会,聘任首批131名金融顾问;陕西围绕重点商圈推出"党建+金融顾问"服务个体工商户试点方案;安徽推进金融顾问服务长三角一体化协同发展等。同时,金服会成员单位通过对接当地政府,以牵头设立金融顾问工作室的方式,将金融顾问服务延伸覆盖河南、天津、重庆、青岛、合肥、深圳等22个省市。金融顾问制度作为我省首创的金融供给侧结构性改革的创新举措,正逐步形成可供全国复制推广的改革样板。

表2-1 金融顾问制度推广情况

序号	省份	时间	级别	地区	内容
1	浙江	2018年12月	省级	浙江省	浙江省地方金融监管局发布《建立企业金融顾问制度试点工作方案》的通知
		2020年5月	省级	浙江省	金融顾问制度被写入《浙江省地方金融条例》第36条，为金融顾问制度提供了法律依据与法律保障
		2020年4月	市级	金华市	金华市人民政府金融工作办公室《关于印发金华市金融顾问制度工作方案的通知》
		2020年9月	市级	杭州市	杭州市人民政府金融工作办公室《关于组建杭州市企业金融顾问团的通知》
		2020年7月	市级	宁波市	宁波市金融办、人行宁波市中心支行、宁波银保监局、宁波证监局《关于印发金融顾问工作方案的通知》
		2021年3月	市级	宁波市	宁波市地方金融监督管理局《关于印发金融顾问服务绩效评价管理办法的通知》
		2023年11月	市级	金华市	金华市人民政府金融工作办公室《关于深入推进金融顾问工作的通知》
		2022年12月	市级	丽水市	丽水市金融办、人行丽水市中心支行、银保监丽水监管分局联合发布《关于建立丽水市金融顾问（金融人才）工作协调小组的通知》
2	四川	2020年1月	省级	四川省	四川省地方金融监督管理局、人民银行成都分行、银保监会四川监管局、证监会四川监管局等十部联合印发《四川省民营企业"金融顾问"实施方案》的通知
		2020年4月	市级	巴中市	四川省《巴中市民营企业"金融顾问"实施方案》
		2020年5月	市级	遂宁市	四川省遂宁市发布《关于开展民营企业"金融顾问"工作的通知》

(续表)

序号	省份	时间	级别	地区	内容
3	广东	2021年12月	省级	广东省	广东省人民政府办公厅《关于金融支持全面推进乡村振兴的实施意见》，其中指出各金融机构积极加强与驻镇帮扶工作队以及镇、村基层组织的工作联动，大力培养和输送金融"村官"、金融顾问、金融助理
		2022年6月	市级	广州市	《广州市关于金融支持全面推进乡村振兴的实施意见》提出各金融机构向农村大力培养输送金融"村官"、金融顾问、金融助理；2023年5月，广州市"金融顾问"制度助力中小企业高质量发展专项行动启动
4	上海	2022年3月	省级	上海市	上海地方金融监管局联合十部门印发《上海普惠金融顾问制度实施办法（试行）》的通知
5	北京	2022年6月	省级	北京市	北京市金融监管局、人行营管部、北京银保监局与丰台区联合举办了小微金融服务顾问制度启动会
6	天津	2022年6月	省级	天津市	天津市金融工作局印发实施《天津市金融顾问制度》
7	陕西	2022年6月	省级	陕西省	陕西银保监局、陕西省市场监管局印发《陕西省重点商圈（楼宇）"党建+金融顾问"服务个体工商户发展试点工作方案》
		2021年6月	市级	延安市	延安市人民政府关于印发《延安市企业金融顾问制度试点工作方案》的通知
		2021年8月		铜川市	铜川市人民政府办公室印发《关于建立金融顾问制度的实施意见》的通知

(续表)

序号	省份	时间	级别	地区	内容
8	内蒙古	2022年12月	省级	内蒙古自治区	内蒙古自治区地方金融监督管理局等印发《关于进一步发挥金融功能支持首府复工复产复商复市的通知》指出，开展金融顾问进首府活动
9	甘肃	2022年12月	省级	甘肃省	甘肃省地方金融监督管理局等十部门印发《关于建立金融顾问制度的实施意见》的通知，正式启动金融顾问制度
10	福建	2023年5月	省级	福建省	人民银行福州中心支行、福建省地方金融监管局、福建银保监局、福建证监局、外汇局福建省分局联合发文《关于金融支持福建民营经济高质量发展的工作意见》，提出鼓励各地探索实施"金融顾问"制度
11	重庆	2023年7月	省级	重庆市	人民银行重庆营管部、重庆市人社局、重庆市工商联、重庆市市监局联合发布的《关于进一步提升民营企业和普惠小微金融服务的指导意见》中提出，创新推出线上线下金融顾问机制
12	安徽	2023年9月	省级	安徽省	安徽省人民政府办公厅发布《安徽省加快供应链创新应用行动计划（2023—2025年）》提出：积极引进一批供应链金融服务机构，创新开展供应链金融顾问服务
13	山东	2018年12月	市级	济宁市	山东省济宁市金融办联合人民银行济宁中心支行、济宁银保监分局发布《关于建立企业金融顾问制度的通知》

（续表）

序号	省份	时间	级别	地区	内容
14	江苏	2019年9月	市级	苏州市	人民银行苏州中支、市地方金融监管局联合印发了《苏州市民营和小微企业金融服务顾问制度》
		2022年9月		扬州市	扬州创新推出专精特新"金融顾问"服务制度
		2023年4月		常州市	常州市政府办公室印发《关于建立中小企业金融顾问制度的实施意见》
15	辽宁	2021年3月	市级	盘锦市	中共盘锦市委办公室、盘锦市人民政府办公室关于印发《盘锦市金融顾问制度实施方案》的通知
16	云南	2022年10月	市级	蒙自市	《蒙自市中小微企业金融顾问服务制度实施方案》

金融顾问制度未来的发展方向

推进金融顾问数字化发展

数字化是金融顾问制度实践中始终坚持的方向。要进一步总结经验成果，持续推进迭代，全方位赋能金融顾问工作，形成数字化时代金融模式创新的标志性成果。一是推进金融顾问服务嵌入更多数字化场景。在打通"浙里办—凤凰丹穴""金服宝·小微""杭州e融"等数字化平台的基础上，链接更多便捷化金融顾问服务入口。二是培育更多数字化金融顾问。加快培育打造更多数字形态"金牌顾问",制作发布"金牌顾问"视频号等节目,拓宽金融顾问服务时空限制,为企业、政府和居民提供更优服务,提升企业对金融服务的体验感。三是提升金融顾问履职质效。持续升级"金融顾问企微平台"系统功能和微应用,建设金融顾问驾驶舱,优化"揭榜挂帅"需求对接平台,加强金融顾问数智化的日常管理。

推进金融顾问专业化发展

提升金融服务的获得感和满足感,拓展金融业的担当和格局,专业化发展是必由之路。一是着力金融顾问专家智库建设。按照金融工作的专业性要求,邀请金融领域的学者教授组建专家智库,加强对重点金融服务和金融产品创新的顶层指导。二是严格资格准入管理。按照金融顾问聘用条件和程序,把好准入关口,考察履职意愿和履职能力,甄选优秀金融顾问。三是持续开展教育培训。鼓励金融顾问考取 CFC 证书,组织综合服务技能竞赛,定期举办金融顾问主题交流活动,深化机构间协同合作,加强理论提升和课题研究,为金融顾问综合化履职提供强有力的支撑和保障。

探索金融顾问市场化发展

按照公益性为主、市场化为辅的思路,进一步激发金融专业人士的积极性,保障金融顾问工作的可持续性,探索金融顾问市场化的改革路径。通过成立金融顾问事务所,让走出金融机构的专业人士专职开展金融咨询服务,帮助企业跟各家金融机构谈判并制订解决方案,推动金融顾问成为金融机构和企业之间的润滑剂。目前,已有两家财务顾问事务所在杭州成立。在此基础上,将稳步推进,建立公益性与市场化优势互补、相辅相成的长效机制,进一步降低中小企业融资成本。

第三章

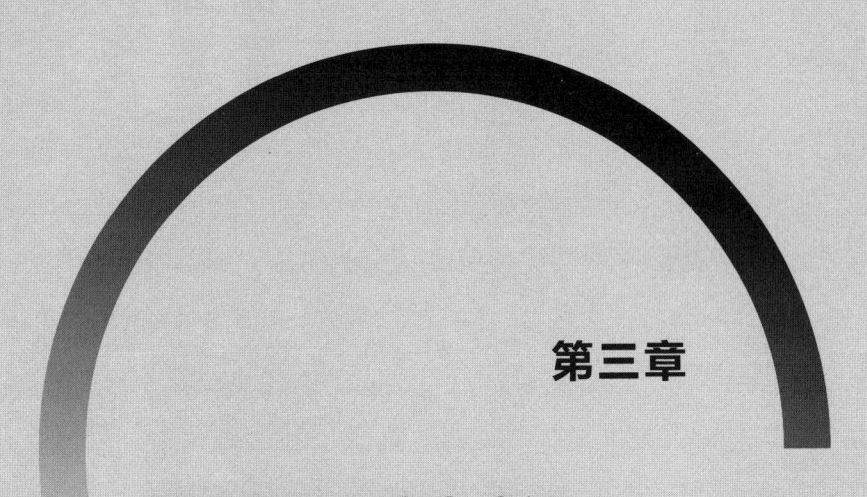

善本金融的生态建设：
综合金融服务示范区模式

善本金融是从"金融论金融"走向"社会论金融"的再创新，其区域实践主要聚焦打通金融服务的最后一公里，从政府、企业、居民等角度实现金融服务的价值提升，打造"金融生态优质区"，更好发挥金融服务经济和社会的质效，更好提升金融在国家高质量发展中的作用。2022年年初，浙商总会金融服务委员会与杭州市临平区政府联合设立"临平综合金融服务示范区"，在国内探索推进县域金融供给侧结构性改革，率先打造金融生态全面优化的县域改革样板，构建金融推动社会综合治理和社会综合生态推动金融创新"双向奔赴"的实践基地。

县域金融生态优化的探索背景和意义

县域[①]是我国国民经济体系的基础单元，在国家治理中发挥

---

① 本书所提县域包括县级市、县、自治县以及除地级市中心城区以外的市辖区，具体范围以《中国县域统计年鉴》为准。以杭州市为例，指的是中心城区（上城、西湖、拱墅、滨江）以外的区县，即萧山、余杭、临平、钱塘、临安、富阳、桐庐、建德、淳安。

承上启下的作用，是实现高质量发展、推进共同富裕的关键环节，接下来我们重点从县域视角探索区域金融生态优化。

区域金融生态的内涵

目前理论界关于区域金融生态的研究相对较少，我们认为其具体内涵包括两方面内容。**一是从金融生态视角看，金融相关要素互相依存、彼此影响。**金融的运转和发展不仅是金融要素之间相互作用，更是受到了经济因素、社会因素的影响，金融生态研究应运而生。根据周小川（2009）的相关研究，金融生态是一个仿生概念，与自然生态有一定的同质性，包括生态主体、生态环境、生态调节方式等要素，反映了金融主体及其赖以存在和发展的经济社会环境之间相互依存、彼此影响的动态关系。**二是从区域金融视角看，金融发展的地域特征明显。**正如瑞典经济学家劳拉詹南在《金融地理学》一书中所言，金融服务业是具有明显地理特征的经济活动。尽管金融的开放性较强，但金融要素的流动仍会受到区域限制，不同区域内会呈现不同的金融组织、融资模式、金融意识等。因此，**区域金融生态是宏观金融发展理论在中观领域的延伸，重点是以区域特征为依托，探讨金融产业自身成长逻辑、区域金融发展与社会经济间的相互关系等。**

我国县域金融生态发展存在的主要问题

一是地方政府债务风险备受关注。地方政府债务结构错综复杂且风险关联性强，大多数政府融资平台依赖土地财政收入，自身没有持续还债能力，在地方财政收入下降的背景下，融资平台现金流趋紧，到期债务覆盖"捉襟见肘"，对国家和县域经济的负面影响较大。截至2023年10月末，全国地方政府债务余额首次突破40万亿元关口。在县域层面，地方政府平台公司治理能力较弱，募集资金渠道受限，资产负债结构更是亟待优化。很多商业银行也收紧了县域地方政府融资平台授信审批，一些地方在债务到期后面临较大的压力。

二是企业综合成本偏高。近年来，虽然我国企业融资利率绝对值逐步下降，但实体经济融资成本下降速度仍然低于实体经济投资回报率的回落速度。县域企业大多为中小微企业，对于中小微企业而言，受制于信息不对称、自身实力弱等原因，"融资贵"困境在一定程度上存在。另外，传统中小微企业的运营管理水平较低，相关职能薄弱，不少小微企业会将财务、税务管理等外包给中介机构，产生一定费用支出，又由于单独议价，在一定程度上提高了运营成本。

三是金融消费者权益保护体系存在漏洞。在县域和农村地区，企业主遭遇金融诈骗、居民拆迁款被骗等各类事件时有发生，严重影响了正常金融秩序和社会稳定，如2022年河南多家村镇银行出现的存款无法提现问题引发了广泛讨论。究其原因，一方面在于县域居民金融知识不足，风险防范意识较弱，法治意识相对淡薄，在金融交易中难以保护自身合法权益；另一方面在于以营利为目的的经营理念使得金融机构对消费者权益保护重视不够，金融产品设计不够合理，对误导行为熟视无睹，损害了消费者的知情权、自主选择权。单一机构是无法真正解决金融消费者权益保护问题的，需要政府、金融监管部门、金融机构等多方联动、共同努力。

四是县域金融发展呈现"虹吸效应"特征。县域相对于大中城市而言处于"被虹吸"地位。中心发达地区是信息生产、收集、传播的"信息腹地"[①]，"虹吸效应"形成的规模经济可降低金融交易成本、改善金融交易效率。由于金融具有流动性和趋利性，金融资源会持续向中心发达地区集聚，导致金融投入呈现区域性结构失衡，县域资金外流较为严重，金融增量供给不足，这也是监管部门规定农商行"贷款不出县、资金不出省"的原因之一。这种情况在中西部省份更为突出，如2021年甘肃全省县域金融机构贷款余额占比仅在35%左右，远远低于其GDP占比58%。

[①] 该名词出自《金融地理学》一书，指能以较低成本获得大量信息，同时能以较快速度和较高可信度进行信息流动的区域，它使得金融中心集结的金融机构可从倍增的信息量中获益。

探索县域金融生态优化的重要意义

一是县域金融是打造特色样板的宝贵"试验田"。党的二十大报告指出要"推进以县城为重要载体的城镇化建设",我国全面实现社会主义现代化的基础在县域,活力在县域,难点也在县域。自秦汉以来,我国就有"郡县治,天下安"的古训,县域治理对于社会稳定和经济发展具有基石作用。当前,随着我国县域经济社会发展,县域自身构成了一个完整的生态系统,而金融生态是县域生态的重要组成部分,建设县域综合金融生态是从国家治理层面对金融高质量发展的再认识。县域金融生态的好坏,既是判断金融自身高质量发展的依据,也是衡量县域整体生态质量的重要标准。县域金融是我国金融体系的"神经末梢",虽然规模相对较小,但其经济属性、社会功能可谓"麻雀虽小,但五脏俱全",是打造金融生态优化样板的宝贵"试验田"。

二是县域金融生态研究着力点清晰,更易形成有针对性的优化举措。围绕县域金融生态优化,政府、企业、居民三方面存在的问题和短板较为明确和清晰,即便在县域经济特色明显的浙江,其县域金融生态照样存在上述问题,尤其在经济相对落后的山区 26 县更是如此。以问题为导向,将金融服务的改革和创新重点聚焦在县域范围内,更易推出有针对性的政策举措,形成突破之势、蝶变之效。

三是县域金融生态结构相对简单，更易形成可推广复制的优化模式。县域范围内的金融主体主要以大型银行分支机构和农商行等地方小法人银行为核心，金融生态结构相对单一，且金融产品和服务相对传统。以县域为切口打造综合金融服务示范区，局部试点、由点及面，可以为促进县域经济金融高质量发展提供新思路和新方法，有利于未来进一步复制和推广。

县域金融生态优化的实践样本：临平模式

县域经济发展是浙江事关全局、牵一发而动全身的"十大工程"之一，而临平是浙江县域经济特色发展的一个缩影和样本。2022年，金服会与杭州市临平区政府共同谋划设立临平综合金融服务示范区，示范区以金融顾问工作为切入点和着力点，在县域范围内大力开展综合金融服务创新，旨在实现**政府平台健康运营、企业综合成本迭代下降、社会金融意识整体提升**三大目标，显著改善县域金融生态，走出一条金融机构与政府、企业、居民三者之间相互促进、共生共荣、长期依存的发展道路。示范区建设以来，推出了一系列的实践举措，取得了较为丰硕的成果，为浙江勇当先行者、谱写新篇章增值赋能，也为金融供给侧结构性改革积累了新的经验。

创设首个县域级金融生态监测体系，着力当好地方政府的"金融子弟兵"

一是建立县域金融生态立体监测体系，助力营造更优金融环境。编制首个具有普适性的"县级区域金融风险防控指南"。围绕县域对金融风控"抓什么、怎么抓"不专业的问题，按照"县域试点、全省管用"的思路，依托金融运行质量体检报告形成了县域金融风险防控指南，涵盖政府财政、城投公司、非金融企业、居民和金融机构5个部门的金融风险防控重点，提示诸如政府平台融资结构、上市公司跨业跨区无序扩张等重要防控点，为防范化解地方金融风险提出具体应对措施，形成有效的县域金融风险防控机制。**发布首个县域级金融运行质量体检报告——"临平区金融运行质量体检报告"**，围绕县域对金融风险"有什么、有多大"不清晰的问题，分政府、金融机构、企业、居民4个维度，按基础指标、重点指标、关注指标、异动指标进行分类分析并建立体检档案，给出风险防控建议。目前，发现金融风险点7个，提出防控建议8条。

二是建立金融顾问赋能党政经济金融干部培训机制，助力地方政府培养干部队伍。围绕中央关于"各级领导干部要增强金融思维和金融工作能力"的要求，以临平经济金融专业干部"阶梯成长"培训班为载体，组织浙商银行、财通资本、金杜律所等机构的金融顾问，围绕经济金融理论、形势政策、金融创新等设计了14门专项金融课程，助力打造一支既懂政治又懂经济金融、既有宏观视野又有微观操作能力的基层党政经济金融干部队伍，以适应新时代中国特色社会主义市场经济的发展需求。

三是建立政府投融资专业化咨询服务模式，助力地方政府融资平台稳健发展。金融顾问团为临平区政府投融资平台"问诊出方"，建立定期对接机制，重点解决平台公司在降杠杆、盘活存量资产、参与城市更新改造这三方面的痛点，对政府平台信用整合、提升信用评级、拓展融资渠道方面提供咨询建议，助力地方政府融资平台稳健发展。

四是建立政府招商引资融智制度，助力地方经济高质量发展。针对政府招引项目前期可行性考量，金服会从不同视角提供建议。针对政府招引企业在获取金融服务方面的困难，金服会编撰"2023金融助力招商引资服务手册"，按招引企业生命周期阶段，提出产业基金扶持、人才支持贷等系列综合金融服务方案。

搭建数字化金融服务平台，着力当好企业的"金融家庭医生"

一是创新开发"金服宝·小微"平台，促进小微企业综合成本迭代下降。针对小微企业综合成本偏高等问题，金服会创新搭建"金服宝·小微"平台，应用大数据、人工智能、区块链等数字化手段，构建"科技＋产业＋生态"的综合服务体系。平台引驻多家金融机构，基于企业经营数据和政府政务数据对企业精准画像，利用大数据技术识别和防范风险，实现金融产品快速连接，降低企业融资门槛，提高融资效率。与区域内动辄年息 12% 左右的互联网贷款相比，通过平台创设的"普惠数智贷"利率下降幅度近一半，申贷成功率由平均 15% 上升至 35% 左右。截至 2023 年年末，平台累计服务企业近 5 500 家，累计提供贷款 7.4 亿元。另外，平台遴选了法务、财税等领域约 40 家第三方优质服务商，以通用数字化升级方案提升企业管理质效，降低企业相关服务的获取和使用成本，如已为 5 家企业量身定制智慧园区管理系统，延伸赋能园区内企业数字化转型，预计可降低人力成本近 20%。同时，平台实现了金融顾问线上"坐诊"提供伴随式服务，全方位、多角度普及金融知识，提升企业需求响应率与问题解决率。

二是汇聚优秀中介机构资源，形成面向上市和拟上市企业的常态化融智服务机制。 针对企业上市过程中面临的中介服务"机构牌子大，团队能力弱"问题，金服会编制了"企业上市中介机构优秀业务团队汇编"，包含券商、律所、家族信托等机构的十多个优秀团队。邀请团队专家以金融顾问身份为规模以上企业、上市和拟上市企业提供贯穿"培育、股改、辅导、报审、上市"等阶段的公益咨询服务，为企业获取优质专项服务提供了全新模式。

三是打造产业链金融提升工具。为更好地服务产业链上下游企业，金服会打造了一系列产业链金融提升工具和解决方案：通过深度介入产业链条，优化资源配置，缓解链上企业的融资难题，提升整个产业链的运行效率和竞争力；通过构建产业互联网金融平台，对接各类电商平台、物流平台、公共服务平台等，实现资金流、信息流和物流的有效整合，为企业提供一站式综合金融服务。产业链金融提升工具能够打通产业链的资金血脉，助力实体经济发展，实现金融机构与产业链各方的共生共赢。

"疏""堵"结合开展投资者教育活动，着力当好居民的"金融理财咨询师"

一是建设"共同富裕示范村"，探索金融赋能经济发展创新模式。示范区制订"金融助力共同富裕示范村"建设3年行动计划，打造新时代"千万工程"典型案例。以运河街道新宇村为试点，金服会成员单位通过深化"整村授信"、建设金融驿站、为"村级项目"建设提供信贷支持、推进银行电商平台扩大示范村特色产品销路等举措，持续促进乡村产业发展。截至2023年年末，已累计向新宇村超630户农户进行授信，金额约为1.2亿元；向15家企业发放贷款，金额约为5 800万元。示范区通过金融赋能，为畅通乡村经济循环，促进共同富裕示范区建设提供了可复制推广的经验。

二是开展投资者教育系列活动，形成了"疏""堵"结合的居民财富管理模式。①开展百场投资者教育活动。金服会组织金融机构走进社区、企业和学校，强化金融风险防范宣传，提升社会公众基本金融素养和风险防范能力。2023年3月举行了"金融反诈行·同奔共富路"公益活动暨临平综合金融服务示范区百场投资者教育活动启动仪式，以多种方式为广大居民宣讲反诈知识，同步线上直播获18.1万人次观看。②形成"财富管理N课"培训课程。针对不同受众推出标准化课件30余个、投教视频42个，其中"西湖十景"系列短视频被群众称赞"出新、出彩、出圈"；针对拆迁户提示非法集资风险的《狂骗日记》，获国家处非联办指导开展的短视频大赛优秀作品奖。③打造"反诈超市"。以政警银民互动协作为基础，在实体场所打造"反诈超市"。建立"5060"反诈志愿者工作室，选派退休志愿者为老年群体提供宣导，守住百姓钱袋子。④为百姓精选理财产品。开展"一机构一产品"理财节活动，由各金融机构精选优质理财产品并持续开展理财投资知识宣教活动，帮助居民树立科学的投资理财观念，实现资产保值增值。

临平指数：县域金融生态优化的评价指标

在临平示范区建设过程中，金服会联合第三方研究机构构建了评价县域综合金融生态健康程度的指数体系，称为"临平指数"，其价值在于量化评价县域金融生态发展情况，为当地政府和监管部门决策提供科学依据。临平指数与临平模式一起，共同构成县域综合金融生态模式1.0版本，是金融供给侧结构性改革的核心范畴。

一方面，临平指数为县域综合金融生态质量提供了评价标准。从金融生态主体成长性、生态服务普惠性、生态基础稳定性、生态模式创新性和生态关系可持续性五个方面测度了县域金融生态的综合发展水平，详见图3-1。在确定指数的指标体系后，根据数量型指数的编制方法，主要按照消除量纲的标准化处理、确定指标权重、确定基准期及初始值、消除季节因素影响和

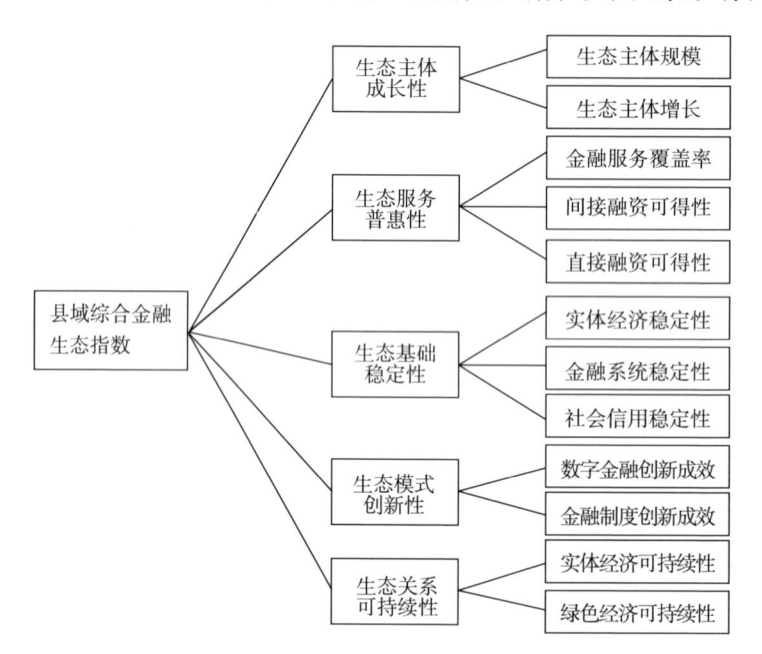

```
县域综合金融生态指数
├── 生态主体成长性
│   ├── 生态主体规模
│   └── 生态主体增长
├── 生态服务普惠性
│   ├── 金融服务覆盖率
│   ├── 间接融资可得性
│   └── 直接融资可得性
├── 生态基础稳定性
│   ├── 实体经济稳定性
│   ├── 金融系统稳定性
│   └── 社会信用稳定性
├── 生态模式创新性
│   ├── 数字金融创新成效
│   └── 金融制度创新成效
└── 生态关系可持续性
    ├── 实体经济可持续性
    └── 绿色经济可持续性
```

图3-1 县域综合金融生态指数指标体系

加权计算的步骤进行计算，最终得出不同报告期相应的指数值。指标选择具有普适性、指标数据具有可得性、指标模型具有科学性，对评价浙江省内各县域的金融生态趋势、金融生态基础、金融运行质量等方面都具有较强的参考价值，是县域综合金融生态的体温计、度量衡。

另一方面，临平指数为县域综合金融生态优化提供了方向指引。评价不是目的，而是改进和提升的基础。临平指数既是从金融看社会，也是从社会看金融，由此及彼、由表及里，让地方政府对县域综合金融发展状况做到一目了然，对本地在全省金融发展中的位置做到心中有数，对消除金融风险隐患、优化金融供给做到有的放矢，充分体现了金融的社会价值，是县域综合金融生态优化的导航仪、指南针。

县域金融生态优化实践的价值贡献

"善本金融"是一次理论的创新演绎，也是系列实践探索的提炼。其中，综合金融服务示范区模式就是一项开创性的、振奋人心的事业，也是一条可操作、可落地的县域金融生态优化路径，具有重要的价值贡献和广阔的发展前景，有望实现更大范围的推广和复制。

示范区强化金融功能属性，与政府工作目标愿景高度契合

金融是国之大者，是国家核心竞争力的重要组成部分。中央金融工作会议要求"推动我国金融高质量发展，为以中国式现代化全面推进强国建设、民族复兴伟业提供有力支撑"，这为金融发展提出了崭新的时代命题。示范区从社会需求出发定位金融，发挥金融服务实体的功能属性，推动金融机构自我革命、自我创新，最大限度地解决县域金融生态发展的现存问题。同时，示范区积极践行了金融工作的政治性和人民性，是助力共同富裕目标实现的有效路径，也是助力浙江推进实施三个"一号工程"的生动体现，具有重要社会价值、创新价值和改革价值。

示范区促进不同金融业态协同，为金融供给侧结构性改革提供县域经验

金融资源配置长期存在结构性矛盾且在县域层面尤其突出。2019年中央政治局第十三次集体学习首次提出"深化金融供给侧结构性改革必须贯彻落实新发展理念"，主要目标是要实现银行体系多层次、广覆盖、有差异，资本市场基础制度完善，具有丰富的金融业态，以满足不同产业、区域、群体的金融需求。示范

区通过迭代完善上市培育体系等方式，构建间接融资、直接融资综合协同的金融生态，为金融供给侧结构性改革在县域层面的探索实践提供了参考经验。

示范区实现数字赋能，将普惠金融服务向纵深推进

数字技术发展为综合金融服务创新带来历史契机，尤其是数字技术与普惠金融的组合，有利于重构金融服务供给场景，降低金融服务成本，使金融服务的可获得性大幅提升。浙江是全国数字化改革最早、最快，也是成效最突出的省份之一。示范区建设依托浙江数字化改革创新，搭建"金服宝·小微"平台，实现信息的及时共享和多维互补，扩大普惠金融服务覆盖面，破解小微企业数字化转型"不愿转、不敢转、不会转"难题，助力民营经济、小微企业发展得更大更优更强。

示范区建立监测体系，为县域金融生态评价提供创新工具

防范化解金融风险，守牢不发生系统性金融风险底线是实现高质量发展的必然要求。构建良好的金融生态并不是一蹴而就的，具有长期性、复杂性、艰巨性等特点，须逐步完善金融生态监测体系，实现风险防控"治已病""防未病"相结合。金服会创立首个区县级金融运行体检报告和风险防控指南，并基于系统性、科学性、可比性原则搭建了区县综合金融生态指数，既考虑了金融生态构成的理论要素，又兼顾了金融生态评价指标的代表性以及指标数据的可得性，为更好评价县域金融生态发展提供了决策参考，可在更大范围内进行推广和复制。

第四章

善本信用：
金融风控体系重塑

风险管理作为商业银行稳健经营的核心，关系到金融体系的稳定。善本金融将金融的社会功能性价值融入信用风险管理理念，构建以"善"为导向的信用风险指标体系，实施以善本金融为评价标准的授信审批机制，对传统的信用风险评价体系进行了重塑，不仅有助于商业银行完善全面风险管理体系，提升核心竞争力，还可以促进企业提升社会价值，实现银行、企业高质量发展的良性循环。

善本信用提出的背景

中国特色金融建设的需要

党的二十大报告提出坚持以中国式现代化全面推进中华民族伟大复兴，对建设现代化经济体系做出了新的部署，也对加快构建更加适配新发展格局的金融体系提出了更高要求。当前银行业资产规模占比超过全部金融业资产规模的90%，银行作为金融体系的核心，在经营管理上更需要与时俱进，除遵循传统的"三性"原则（即"安全性、流动性、效益性"），还须遵循中国式现代化金融要求的"新三性"（即"政治性、人民性、专业性"）原则。信用风险管理作为商业银行稳健经营的核心，关系到我国金融体系的稳定，更应将传统"三性"原则与"新三性"原则相结合，对传统的信用风险评价体系进行重塑，构建匹配中国式现代化金融的信用风险管理体系。

过去很长一段时间内，很多银行信用风险管理将抵质押、担保作为防范风险的主要工具，偏好抵押充足、财务指标好的大客户，造成这些企业往往过度融资，一些企业脱离主业在投机性领域用资金套利，形成资金空转，脱实入虚。而真正需要资金的中小微企业、科创企业等由于缺乏有效的抵押、担保品而达不到授信门槛，甚至部分银行在企业面临困难时出现"雨天收伞"而不是"雪中送炭"等行为。商业银行必须清醒认识金融牌照背后的责任。金融具有放大效应，服务善的主体就是放大正的能量，服务恶的主体就是放大恶的危害。

商业银行高质量发展的需要

一是贯彻落实金融监管导向。2019年银保监会发布的《关于推动银行业和保险业高质量发展的指导意见》明确指出：银行业金融机构要建立健全环境与社会风险管理体系，将环境、社会、治理要求纳入授信全流程。2022年银保监会《关于印发银行业保险业绿色金融指引的通知》提出：银行保险机构应当制定针对客户的环境、社会和治理风险评估标准，对客户风险进行分类管理与动态评估；银行机构应将风险评估结果作为客户评级、信贷准入、管理和退出的重要依据，并在贷款"三查"、贷款定价和经济资本分配等方面采取差别化的风险管理措施。善本金融将金融的社会功能性价值融入信用风险管理理念，有助于商业银行完善全面的风险管理体系，不仅符合监管要求，也可进一步提升银行核心竞争力，推动行业可持续发展。

二是减少无效、低效金融供给。构建以"善"为导向的信用风险指标体系，实施以善本金融为评价标准的授信审批机制，可增加有效、高效的金融供给，提升金融资源配置效率及畅通金融与实体经济的良性循环，实现经济可持续发展，防范金融系统性风险。

三是提升银行风险识别与管理能力。近年来企业由于环境、社会问题等非财务因素，信用风险事件层出不穷。通过将善本金融理念纳入授信全流程，对企业的社会价值进行评估，可以有效弥补单一财务指标评价的局限性，提高银行机构的风险辨别能力和预警能力，降低金融风险。

四是促进客户高质量发展。建立以善本金融为基础的授信机制，不仅可以引导更多社会资本投入高质量产业，助力经济高质量发展，还可以倒逼企业提升社会价值，促进长期可持续发展，从而实现银行、企业高质量发展的双向良性循环。

善本信用的实践路径

善本信用通过对客户的社会价值和可持续发展能力进行综合评估，引导金融资源向"善的企业"倾斜。

以政治性为引领，明确授信政策重点支持方向

1. 服务国家发展大局

一是扎实推进共同富裕。 围绕城乡居民各类消费场景，以数字化转型为引擎，加快消费贷款产品创新与迭代，满足个人客户消费、旅游、教育、文化、健康、养老等场景消费需求，提供更加优质便捷的金融服务，助力共同富裕迈上新台阶。向保障性租赁住房建设或自持主体提供中长期贷款，满足居民刚性和改善性购房信贷需求，积极拓展个人按揭贷款客群，优化新市民购房信贷支持措施。

二是全力支持普惠金融。 创新普惠金融支持体系，为农户、农村经营主体、个体工商户、微型企业等普惠市场主体提供融资服务。降低客户首贷融资门槛和融资成本，扩大普惠服务覆盖面。发挥数字化、场景化服务特色，推广"银行＋龙头企业＋农户"供应链金融服务模式，依托核心企业为小农户和新型农业经

营主体提供线上化融资，推进普惠金融向"非抵押、大协同、数字化"转型，提升普惠金融服务质效。

三是加大科技创新企业授信支持。围绕国家"科技强国"战略，聚焦产业链供应链"卡脖子"关键核心产业安全领域和薄弱环节，加强专精特新企业、科创企业、人才企业等客群的研究分析，完善科创金融授信服务体系，提升科创金融精准授信支持能力，助力科创企业"爬坡过坎"。

四是加大国家重大项目授信支持。在不增加地方政府隐性债务的前提下，以"实质风险可控"为底线，细化区域和客户授信准入策略，满足城建公共类国企的合理融资需求；加大对基础设施补短板项目、经济稳增长等重大项目的授信支持，有效保障必要在建项目资金需求，避免资金断供、工程烂尾；聚焦交通、能源、水利、信息、科技、物流、医疗、卫生、教育等重点领域基础设施建设项目，民生保障项目和地方政府专项债券，优化授信政策支持措施和授信审查审批机制，保障重点项目中长期贷款投放。

五是加大制造业企业授信支持。建立制造业授信长效机制，重点加大对先进制造业、战略性新兴产业、传统制造业转型升级、制造业产业集群等方面的授信支持；对成长型先进制造业企业，创新担保和融资方式；合理提高制造业企业的押品抵质押率，持续提高制造业贷款新增占比；制定工业用地类项目融资授信政策，增加制造业企业融资的可得性，推动制造业高端化、智能化、绿色化发展。

六是加大绿色低碳企业授信支持。 聚焦绿色低碳发展战略，加大节能降碳、碳减排技术、清洁能源、资源利用和循环经济、生态保护利用等重点领域授信倾斜，推动资产结构绿色低碳转型；严格高碳行业授信管理，稳妥有序退出落后产能；严格把控绿色认定及考核标准，有效规避信贷"漂绿"套取政策红利。

七是全面助力乡村振兴。 重点支持粮食安全、重要农产品稳产保供、乡村产业、乡村建设、农副产品仓储物流基地、现代渔港、标准化养殖基地等建设项目，以及现代农业产业园、农业现代化示范区等三产融合项目，助力农业稳产增产、农民稳步增收；聚焦产业巩固拓展脱贫攻坚成果、促进乡村振兴发展，依托乡村支柱产业、优势特色产业布局，采取差异化政策，引导信贷资源向乡村振兴领域倾斜，加强乡村振兴授信模式、产品的创新，加大涉农贷款的投放力度，支持新型农村集体经济和农业经营主体发展，满足乡村振兴多元化、多层次金融服务需求。

2. 服务地方政府重大战略

一是加大浙江省七大专项行动领域授信支持。 围绕浙江省数字经济创新提质、营商环境优化提升、"地瓜经济"提能升级、"千项万亿"、"415X"、"315"科技创新、消费激活七大专项行动，深化浙江省内重点产业、重点领域、重点客群、重点项目的研究，加强对省级行政事业单位、省市属国企、优质上市公司、浙商百强企业等的授信支持。围绕浙江省内特色产业集群，做好民营企业、出口外贸企业、小微企业、个体工商户、跨境电商等生态良好且具有小额分散特征客群的授信支持。

二是加大浙江省山区 26 县授信支持。依托金融顾问制度，精准谋划山区 26 县差异化金融支持措施，主动对接山区 26 县龙头企业、链主企业的金融服务需求，在授信政策、授信授权、异地核准、授信评审等方面予以倾斜性支持，助力支柱产业做大做强，有效带动产业上下游生态发展，积极支持"绿色＋智慧"特色产业客群，加快省内现代乡村产业"十业万亿"产业体系客群培育，助力实现共同富裕。

三是加大银政企合作授信支持。依托金融顾问"擎旗"行动，当好地方政府的"金融子弟兵"、企业的"金融家庭医生"及居民的"金融理财咨询师"，用金融顾问架起政、银、企沟通合作的桥梁，实现金融顾问与授信风控的有机融合；加大对地方政府产业转型升级、城市建设配套、现代产业体系构建、助力人才发展等领域的授信支持，提升金融参谋能力。

以人民性为支撑，重塑信用风险体系

1. 坚持"善"的授信导向

坚持"善本金融"理念，引导授信资源向"善"的客户倾斜，推动服务对象为善。

一是明确"善"的授信偏好，提升善本信用等级高的授信资产占比，降低善本信用等级低的授信资产占比；对善本信用等级低的客户要突出押品管理，提高抵质押授信占比；对善本信用等级高的客户可适度放宽押品管理，提高信用授信占比。

二是制定差异化授信政策，提高投研能力和专业能力，针对先进制造业、战略性新兴产业、数字经济产业、新能源等国家重点支持的行业建立产业持续研究跟踪机制，分析产业发展特点、未来发展趋势、业务机遇及风险点，制定差异化授信政策和策略。

2. 明确"善"的标准

一是细化各类客户及相关业务"善"的评价标准。零售客户更多关注个人的品德、行为、信用、社会关系、社会美誉度等因素，引导授信支持"善良人"；公司客户更多关注企业创造就业、纳税贡献、环境风险、社会风险、社会责任等因素，引导授信支持"好企业"；投行业务更多关注外部评级、信息披露、违约风险、底层资产等因素；资管业务更多关注受托人资信、产品结构、交易结构、增信措施等因素；跨境业务更多关注交易背景、交易目的、资金来源和用途、反洗钱和反恐怖融资等因素。

二是加强客户的负面清单管理。在制定"善"的正向标准的同时，编制"不善"的负面清单。不支持存在品德不正、信用较差、违背公序良俗、不孝等情况的个人客户；不支持存在违法失信、财务欺诈、涉黄涉毒、操纵市场行为的企业；不支持信贷资金脱实向虚、用于违法违规用途的企业；不支持国家明令淘汰限制的"两高一剩"或禁止性领域的企业；不支持环保排放不达标、严重污染环境的企业。

三是在客户准入环节不设置歧视性条款。规范授信管理行为，坚持对各类市场主体一视同仁、平等对待，不对民营企业、小微企业设置歧视性条款和隐形门槛。

3. 推动"善"的客群建设

树立"真正的风控最后还是看人品""选善的客户是最好的风险防控"的理念，对客户进行分类或名单制管理，给予差异化授信尺度、客户准入标准与计划发展目标。建立分群、分层的授信客户管理与产品服务体系，以社会责任优良、企业品牌正面、潜在成长空间大的客群为重点拓展方向，持续夯实客户发展基础。前移客户风险关口，强化尽职调查审查，坚持选善的客户、做善本金融业务，持续扩大"善"的客户朋友圈。

善本信用的标志性成果：浙银善标

浙商银行作为总部设立在浙江的唯一一家全国性股份制银行，胸怀国之大者使命，坚守金融为民的初心，高举金融向善旗帜，积极践行善本金融理念，率先构建出一套可复制、可推广的善本信用实践样板"浙银善标"（Czbank Social Goodness Standard，简写为CSGS），将"善"的评价体系融入经营管理体系，弘扬"正行向善、融通万方"的企业文化内核，培养"正向正行、专业有素"的金融服务队伍，赋能有善念、有善行的好个人，支持好项目、好企业、好老板的"三好客户"，全面打造好客户、好资产、好员工的"三好银行"，实现稳健、审慎、可持续的高质量发展（见图4-1）。

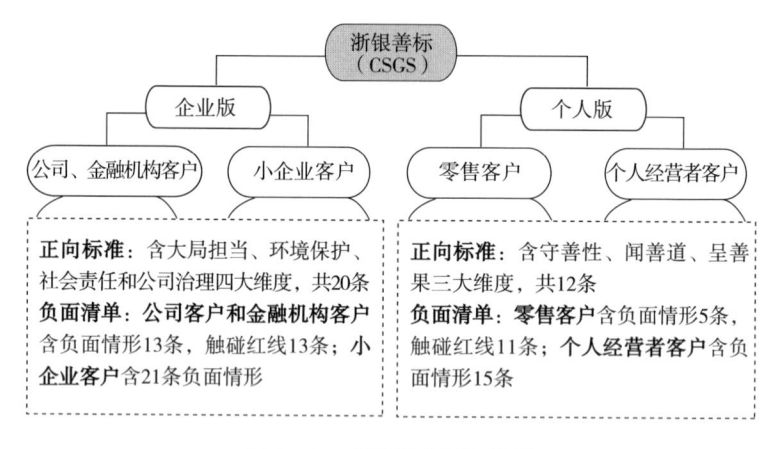

图4-1 "浙银善标"体系

浙银善标（CSGS）分为企业版和个人版。

企业版面向公司、金融机构客户和小企业客户：
- **正向标准**：含大局担当、环境保护、社会责任和公司治理四大维度，共20条
- **负面清单**：**公司客户和金融机构客户**含负面情形13条，触碰红线13条；**小企业客户**含21条负面情形

个人版面向零售客户和个人经营者客户：
- **正向标准**：含守善性、闻善道、呈善果三大维度，共12条
- **负面清单**：**零售客户**含负面情形5条，触碰红线11条；**个人经营者客户**含负面情形15条

注："浙银善标"通过赋分方式落地运行，正向负向标准设置不同分值，符合正向标准加分赋能，触发负面情形减分降维，触碰红线一票否决，正负双向评分合计形成客户善标评分。根据客户评分从高到低依次生成善标一级、二级、三级、四级客户。

建立客户"善标"的评价标准

"浙银善标"根据服务客户的属性特征不同，分为企业版和

个人版，并从正向标准和负面清单两方面分别编制企业客户、个人客户"善"的评价标准。其中企业版正向标准围绕大局担当、环境保护、社会责任、公司治理四大维度制定了 20 项细分正向评分标准；负面清单从负面情形和触碰红线两方面制定了 26 项负向评分标准。个人版围绕善性、善道、善果三大维度制定了 12 项细分正向标准；负面清单从负面情形和触碰红线两方面制定了 16 项负向评分标准。"浙银善标"通过赋分方式实现对客户善本信用的量化评价，正负向标准各设置不同分值，符合正向标准即加分赋能，触发负面情形即减分降维，触碰红线即一票否决，正负双向评分合计形成客户善标评分。在"浙银善标"评分的基础上构建善标评级体系，联合传统信用评级，构成浙商银行客户整体评价体系，而且更加关注客户行为的社会价值分析，引导金融资源服务"善"的客户，进而引导客户行为向善。

构建基于"浙银善标"的差异化授信机制

将"浙银善标"等级评价作为客户统一授信审批的前置条件，根据善标等级结果制定差异化授信机制。对善标评级较高的客户，加大授信政策和评审（服务）资源支持；对善标评级低的客户，严格把关，审慎介入。通过差异化授信（服务）机制，持续提升"善"的客户占比，优化本行资产结构。

具体来看，**对于善标一级客户**，公司客户和金融机构客户可上调评级，降低准入要求，提高抵质押率和风险容忍度；对新增小企业客户在利率优惠、额度申请、流程效率等方面给予差异化支持，与存量小企业客户加深合作；对个人客户升级零售金融、零售信贷、私人银行等各类专项服务等级。**对于善标二级客户，**对新增客户执行现有授信评审（服务）政策标准，存量客户维持稳定合作。**对于善标三级客户，**从严管控，审慎介入新增客户，选择性退出存量客户。**对于善标四级客户，**严禁新增客户，并逐步做好存量授信压降。

重塑"浙银善标"全面风险管控理念

浙商银行重塑单纯以抵押物、资产规模等经济指标衡量客户资信水平的风险管控理念，以"善"为重要标准对客户主体风险进行多维度评判，提高"善"的客户风险容忍，加大"善"的员工激励保护。

一是提高"善"的客户风险阈值，适度提高善标等级高的客户的风险容忍度，适当降低风险缓释要求。如对善标一级客户房地产抵押项下业务，抵押率上限统一上调10个百分点。**二是制定"善"的客户纾困策略，**分析客户陷入困境的真实原因，站在稳经济、稳就业、保民生的高度，对具有核心技术、市场前景、就业拉动、税收贡献大但暂时面临流动性困难的客户，以及善标评级较高的客户，主动及时纾困帮扶，提高帮扶质效，助力企业走出困境。**三是加强非"善"客户的动态监测管控，**对授信存续期间调整为善标最低等级的客户，及时纳入监测并实施名单制管控，逐户细化压退策略，有序退出。**四是形成追责向善文化**，将支持"善"的客户纳入追责综合考量体系，充分体现"善"的导向，加强对敢担当、善作为干部员工的激励保护，做到"严肃追责、规范追责、精准追责、慎重追责"。对支持"善"的客户的真实融资需求且勤勉履职的员工，视情况减轻或免予追究责任；对主要由市场环境变动引发的不良资产，区分情况从轻、减轻或免予追责。

完善"浙银善标"考核激励体系

一是将"善标客户分级拓展"工作纳入总行对分行的综合绩效评价体系中，考核导向包括提高善标一级和二级客户新增数量及占比，压降善标四级客户数量及占比；提高善标一级和二级客户新增授信总量，提高善标一级和二级客户授信余额占比。

二是在对分行条线考核评价体系中，新增"善标客户结构"考核指标。在公司客户、小企业客户、零售客户、私人银行客户、金融机构客户年度考核评价体系中，分别明确善标一级和二级客户新增数量、年末善标一级和二级客户在存量客户中的最低占比、年末善标四级客户在存量客户中的最高占比。

三是制定专项奖励激励机制、定期督导评价方案，加强过程管理，提高全行推进"浙银善标"考核目标的积极性和主动性。

建立"浙银善标"资源配置体系

一是在经营资源配置上，支持善标评级较高的客户全额、优先配置信贷规模和风险加权资产资源。**二是在收费定价上**，根据善标评级实施差异化激励政策，支持给予善标评级较高客户定价优惠；持续向小微企业、个体工商户和个人等市场主体落实减费让利政策，针对善标评级较高客户持续加大减费力度。**三是在财务费用奖励上**，加大财务资源支持，着力打造"一行一校""致敬城市守护者"等特色公益品牌，鼓励员工积极投身志愿服务。**四是在物业租金定价上**，在符合国家及主管部门规章制度以及浙商银行房产出租管理办法的基础上，参考第三方租金市场评估价，对新增客户中有责任担当的好企业、公益善举组织予以适当定价优惠。

加强"浙银善标"数字赋能

充分利用大数据、信息科技手段，推进客户评价方案落地，提升客户善标信息采集完整性和便利性，提升"善"的客户身份可识别度，提升保障机制落地精准性。**一是丰富善标信息采集数据库**，结合客户评价方案，梳理善标信息采集渠道，制定内外部数据库清单，制订数据采集对接方案，加强系统开发，最大程度实现善标信息系统自动导入，缩小人工采集范围，降低人工采集频次，提升善标信息采集的完整性、精准性、便利性和时效性。**二是制订善标客户标识生成方案**，根据善标评价体系，在 IT（互联网技术）系统中明确客户善标信息参数字段，设计客户评分评级系统规则及善标评价模型，加快推进系统开发，实现客户信息录入完成即自动生成客户善标等级，提升"善"的客户身份可识别度。

善本信用的下一步实践思考

进一步完善"浙银善标"体系

"浙银善标"是浙商银行践行善本金融理念的重要举措，作为一个新生事物，更应进一步完善优化，探索出一条评价可信、符合国情的金融创新路径。一是持续完善优化"浙银善标"指标评价体系，相关指标要在善本金融内涵的基础上，根据企业规模大小、行业类型等设计可以被会计师事务所或者权威第三方验证的，以定量为主、高质量、低获取成本、可信的评价指标，使得"浙银善标"更能体现善本金融理念，更好地将企业财务信息和非财务信息融合，建立对企业更加精准和全面的评价体系，以此构建企业价值全景图。二是建立"浙银善标"行业评价策略，不同行业、产业的"善标"评价维度敏感性不同，如周期资源、制造业行业等对环境保护维度依赖性更大，文化产业对社会责任维度依赖性更强等，要加强行业、产业研究，根据其特点制定"浙银善标"差异化打分规则（如制定差异化打分权重），使得"善标"结果更具公信力。三是制定"善标"差异化定价机制，将"善标"评价结果与利率定价挂钩，对不同行业、产业的"善标"评价结果形成定量化、可操作化的定价机制，促进客户"向善"。

搭建"浙银善标"数智风控体系

一是搭建"浙银善标"智能化数据平台。发挥金融基础设施平台与数据优势，强化科技赋能，借助大数据、人工智能等新一代数字技术，建设集数据采集、数据验证、数据识别、数据评估、数据使用等于一体的信息化系统，收集、分析、监控"善标"数据源，最大程度降低人工收集录入频次，减少主观因素干扰。二是加强"浙银善标"风控模型管理。加强客户风险的识别、评估、预警模型的研发应用，建立完善"善""恶"的风险识别预警信号，加强对违法失信、行政处罚、负面报道、异常交易、涉黄涉毒等行为的预警。三是建设"浙银善标"智库平台。推进产业链智库平台建设，以符合金融向善特征及授信政策方向的产业链为切入点，逐步扩充产业链数量，丰富产业链客户数据库，实现产业链信息集中化、上下游图谱可视化、客户获取线上化、产业分析智能化。

建立"浙银善标"信息披露机制

"浙银善标"是浙商银行率先将金融社会功能性价值纳入信用风险管理、重塑金融风控体系的重要实践。下一步，浙商银行将进一步完善"浙银善标"信息披露机制：一方面，要规范"浙银善标"披露标准，形成对标海外成熟市场的披露格式和内容体系；另一方面，要提升"浙银善标"信息披露质量，提高"善标"定量信息占比，积极引入第三方机构或监管机构协助鉴证，增强信息的公信力。

第五章

善本信托：
金融助力资本向善

在共同富裕背景下，企业家是一个受到社会高度关注的群体，他们不仅是财富创造的重要主体，而且也是财富分配的重要主体。如果说第一次分配立足于市场主体更多地实现效率优先，第二次分配立足于政府更多地实现公平普惠，那么第三次分配则应该是回到市场主体更多地围绕"先富带后富""企业家社会价值""财富升维"等层面来实现社会和谐生态的打造。公益慈善是第三次分配的重要物质基础，是社会和谐发展的重要保障，也是企业在解决社会问题，主动创造社会效益和社会价值的同时，实现企业价值增长的有效路径。我们应通过金融与慈善相结合，以企业家自愿自主为基础，通过合理的慈善项目设计，借助专业的慈善信托工具，以金融助力慈善的专业化表达，以慈善赋能金融向善的本质内涵，有效发挥企业慈善作用，让慈善成为促进社会和谐的内生持续动力。

共同富裕对企业家财富升维提出了新要求

企业家要在促进共同富裕中找到使命价值

让一部分人、一部分地区先富裕起来，逐步达到共同富裕，是改革开放的总设计师邓小平提出的一个影响深远的重大决策。共同富裕是社会主义的本质要求，是中国式现代化建设的重要特征，也是改革开放之初就确立的"国家契约"。企业家作为改革开放的"先富群体"，一方面，他们凭借自身的勤奋、过人的勇气和先见之明，努力拼搏；另一方面，他们能"先富起来"也得益于改革开放的政策红利，离不开政府和社会的大力支持。改革开放后，在社会主义市场经济探索中成功培育并释放了民营经济的创造性活力。以作为民营经济大省的浙江为例，2023年8月发出了第1 000万张营业执照，从温州人章华妹成为改革开放后中国首个合法个体工商户，到经营主体突破千万，是民营企业敢闯与政府敢为的生动写照。共同富裕是全体人民的共同富裕，"先富群体"有责任和义务带动"后富群体"，但不是要"劫富济贫"，搞平均主义，而是要在社会主义市场经济条件下寻找公平和效率的新平衡，在更富裕的基础上实现新的均衡，跨越财富鸿沟的陷阱。

企业家要在"先富带动后富"中重塑社会形象

"先富群体"是一个颇具中国特色的提法，但财富鸿沟不是中国的特有现象，而是全球都面临的重大挑战。托马斯·皮凯蒂在《21世纪资本论》中论述，在过去几百年中的大部分时期，资本的回报率要高于经济增长的速度，靠钱挣钱总是比靠劳动挣钱要快。**这意味着，当财富差距成为一条难以逾越的财富鸿沟时，社会就会陷入既没有公平又没有效率的困境。**近年来，"996工作制"引发舆论关注与声讨，表面上是劳资冲突，背后却有着深刻的社会原因。又如，部分爆雷的大型房地产企业，高额分红进入个人私囊，却将巨额负债甩给社会，严重破坏社会尊重企业家的氛围。这些事件对社会个体的心理冲击是巨大的，共振后聚合成社会性群体情绪。情绪具有传染性，加之信息技术下兴起的新媒体传播方式，一些具有迎合性、偏见性的仇富观点，很容易转化为阶层对立的叙事，若不及时化解和加以诱导，往往会转化为诱发社会不稳定的因素或行为，社会财富也很难持续积累。作为"先富起来"的民营企业家，不能因为社会上出现了一些误读的言论，就听任财富鸿沟不断扩大，更不能为富不仁，**而是要增强家国情怀，在"先富带动后富"中重塑企业社会形象，在更高层次上实现个人价值。**

企业家要探索更高阶的"社会企业"形态的实现路径

许多经济问题本质上也是社会问题。如何让企业家在经济竞争领域实现"功成"后在社会建设领域实现"名就"？**更高阶形态的"社会企业"在社会诉求与市场经济行为之间架起了一座共享的桥梁，提供了企业家参与解决社会问题、实现社会价值的新方案。**根据亚伯拉罕·马斯洛需求层次理论，人们低一层次的需求相对满足了，就会向高一层次发展，追求更高层次的需求成为驱使行为的动力。**从为财富经营企业到为社会价值经营企业的使命转变，是企业家财富升维、迈向更高阶的"社会企业"形态的过程。**当共同富裕成为时代必答题，衡量一个企业的价值就不只是商业模式的成功，更取决于其社会责任的担当，形成企业、员工、供应商，与社会相互支持、相互成就的良性循环。如果一家企业真正对利益相关方负责，就会守住比较安全的边界，也会赢得社会认可和尊重。作为共同富裕先行示范区，浙江具备了运用第三次分配促进共同富裕的基础。二十大报告强调要"引导、支持有意愿有能力的企业、社会组织和个人积极参与公益慈善事业"。对广大企业家来说，这是信任、鼓励，更是鞭策和厚望。

善本信托——打造自主可感知的慈善模式

自主可感知慈善模式的基本内涵

当前，慈善已不再是简单的"捐钱救急"，而是促进社会治理、增进社会公平的重要调节手段，"一捐了之"式的捐赠模式已不能满足时代发展的需求。因此，我们强调**用金融的理念、金融的工具，构建实现社会价值、促进财富升维的慈善机制**，助力企业家自主可感知做慈善，更有效地解决社会问题。"自主可感知"表现为企业家参与慈善的自主性、可感知和可持续。具体而言,自主性是指企业家在选择参与慈善上是自愿、有选择的行为。在企业的不同发展阶段,企业家对慈善的理解以及履行能力是不同的,行善意愿、行善能力也是一个渐进的提升过程。可感知是指企业家在慈善行为过程中的参与感、获得感,是企业家主动地寻求对企业长期发展、社会价值创造有利的捐赠项目,认真追踪和评价捐赠效果是否达到预期目标。相较于谁的捐款更多,如何让钱花得最有效是企业家更为看重的。可持续是指企业家行善行为不是偶然、零碎、短期的,而是长期的规划,有意识地结合社会价值、企业战略以及自己的慈善诉求,这种基于内生的慈善行为是持久的。

自主可感知慈善模式的文化传统

以善为本、慈悲为怀,这些优秀的传统文化是善本金融文化养成的根基,也是企业家实现社会价值、促进财富升维的精神形塑。从社会环境层面来说"慈善捐赠行为是嵌入社会结构中的",当前中国的社会结构较之费孝通在《乡土中国》中的描述已发生了深刻变化,但我们要充分考虑"差序格局"在基层社会的影响力,以及在此基础上形成的慈善文化传统。进一步说,大部分企业家仍遵循着传统伦理观念,立足于恻隐之心,强调亲友相济、邻里互助、由亲及疏、由近及远的行善逻辑,如果背离了这个逻辑，就很难得到他们的认同，也就很难让他们深度参与。换言之，**慈善是社会倡导的一种美德，不能脱离所处社会的文化母体而存在**。西方罪感文化的根源是基督教的"原罪说"，人既然有罪而又无法自赎，所以时刻需要忏悔。东方耻感文化的根源是儒家的"廉耻观"，做好事是因为有面子，这种注重"面子"的文化心理，更在意社会评价，所以要明礼知耻、崇德向善。因此，"人情"、"面子"以及相关的"关系"，"报"和"缘"等观念，构成了一套"差序格局"视角下由传统文化制约而成的社会向善机制。

打造共富特色的善本信托品牌

善本信托是从金融向善到善本金融的具体实践，是构建实现社会价值、促进财富升维的慈善机制的重要探索，将开启金融助力企业家自主可感知做慈善的大门，为"先富带动后富"找到实现路径，其区别于一般的慈善信托，具有鲜明的共富特色。首先，它是"差序格局"下基于桑梓荣誉的情感投资。中国人对家乡有一种特殊情感，掺杂着面子、荣誉、自豪感等，就像百年前的浙商乐意为家乡架桥铺路、扶贫助学，这种"基于乡土之情的道德义务"是驱使他们行善的动力。其次，它是社会价值引领经济价值的探索。企业家思考及解决社会问题的一个重要逻辑是，将战略性思维融入慈善捐赠，尽可能地服务企业所处生态圈内的多元利益相关方，为企业可持续发展积累社会资本，实现企业与社会双赢。再次，它可以推动慈善资源融入基层社会治理。企业家在参与社会建设中将慈善资源转化为治理效能，培育文明乡风、良好家风、淳朴民风，助力打造"人人有责、人人尽责、人人共享"的社会治理共同体，在深度参与社会治理的同时实现文化传承。善本信托的实践表明，**企业家一手抓经营，一手抓慈善，能让看得见、摸得着的慈善转化为深厚的社会资本，反哺企业经营，让企业从创新能力强的经济主体转化为有爱心、很温暖的社会主体，有效改善企业的长远发展环境，达到社会价值和经济目标的有机统一，成为"富而有责，富而有义，富而有爱"的典范。**

善本信托是浙商银行践行善本金融，以金融的方式赋能慈善，打造的具有共富特色的公益金融品牌。根据原银保监会《关于规范信托公司信托业务分类的通知》，信托业务分为资产服务信托、资产管理信托、公益慈善信托三大类。善本信托聚焦"三大场景"，按照资助和帮扶对象的不同，涉及公益慈善信托和资产服务信托：一是善本信托的设立目的为在企业家出生地和企业所在地开展公益慈善活动，其受益人为非特定对象，该类善本信托属于公益慈善信托，可通过税务筹划享受税收优惠政策；二是善本信托的设立目的是改善企业生态，资助企业员工、上下游企业等，其受益人为企业的关联方，该类善本信托大多属于服务信托，不能享受公益慈善信托的税收优惠政策，浙商银行与合作的信托机构将在服务过程中进行减费让利。

善本信托的探索实践

在举旗金融顾问制度、创建临平综合金融服务示范区和率先提出"浙银善标"之后,浙商银行正在围绕"三大场景",牵头谋划实施善本信托工程,构建企业家实现社会价值、促进财富升维发展的慈善机制,不断丰富善本金融的实践探索。

借鉴 DAF 模式,设计自主可感知的善本信托产品

在中国式现代化建设和共同富裕背景下,企业家投身公益慈善事业的意愿强烈,但同时面临着不知道如何做慈善,对执行机构的信任度不高,慈善的参与感、获得感缺乏等问题。为保证企业家在参与慈善过程中的话语权和参与度,善本信托学习借鉴国外公益慈善先进模式——捐赠人建议基金(Donor-advised Fund,简写为 DAF),联合信托公司、律所等专业机构,设计企业家自主可感知的善本信托产品。与传统慈善捐赠模式相比,其有以下特点。一是开设专属银行账户独立管理。每个善本信托设立独立账户进行管理,依托银行先进的托管系统,为企业家提供资金到账确认、捐赠支付、善款使用明细查询、定期信息披露等专属服务,在保证慈善资金运作阳光化、透明化的同时,方便企业家跟

踪善款使用情况，做好捐后管理。二是充分尊重企业家意愿传承家风。企业家对自己出资设立的善本信托享有冠名权和决策权，具有公益事业与家族美誉相得益彰，利他与利己高度契合的新时代特征。善本信托不仅是企业家开展慈善活动的工具，更是企业核心价值观和企业家精神传承的载体，有助于新生代企业家继承和发扬老一代企业家的好精神、好传统。三是善本信托财产可进行投资。善本信托财产管理和运用方式灵活，根据企业家捐赠计划，可采用留本以投资收益捐赠，或先捐赠一部分，剩余部分用于保值增值。投资方式多样，既可购买银行存款、政府债券、中央银行票据、金融债券和货币市场基金等低风险资产，也可以投向其他低风险资产以外的标的。

围绕"三大场景"，开启企业家财富升维新模式

在慈善资金的运用方面，善本信托与多家公信力强且经验丰富的慈善组织合作，以项目定制的形式，为企业家提供多元选择。倡导企业家围绕**企业自身产业生态、企业家出生地和企业所在地三大场景**，重点打造两类慈善项目并协助落地：一是以传统民生领域慈善项目保障困难群众生活，按照企业家意愿开展扶贫济困，救助突发灾害，促进科学、教育、文化、卫生、体育事业发展，支持环境保护等符合《慈善法》规定的公益慈善活动；二是发挥企业家乡贤作用促进社会善治，倡导企业家以满足本企

业、本地群众需求为导向，结合基层实际困难，在基本保障、生态环境、健康安全、创业支持、文化建设等方面寻找切入点，定制个性化、多样化的慈善项目，推进基层社会治理，构建共建共治共享的社会治理格局。

"三大场景"开启了金融助力企业家实现社会价值、促进财富升维的新模式、新渠道和新生态，核心是企业家自主亲历可感知。一是从单纯缩小贫富差距到更多关注社会和谐、弥合阶层撕裂。当共同富裕成为必答题，衡量一个企业的价值就不只是商业模式的成功，更取决于其社会责任的担当，形成企业与员工、企业与社会、企业与家乡、企业与上下游、企业与政府相互支持相互成就的良性循环。如果一家企业真正对利益相关方负责，就会守住比较安全的发展边界，就会有效缓和劳资关系、社企矛盾，就会赢得社会认可和尊重，就会为企业可持续发展积累社会资本。二是从主要以捐款方式做慈善到更加强调企业家自主亲历，重视捐赠效果。企业家主动寻求对企业长期发展、社会价值创造有利的捐赠项目，认真追踪和评价捐赠效果是否达到预期目标。相较于谁的捐款更多，如何让钱花得值才是企业家更为看重的。这种基于内生动力引领资本向善的慈善才是可持续的。三是从立足经济向度衡量企业家生存状态到突出企业家的社会价值。善本信托帮助企业家深度参与社会治理和文化传承、获得社会尊重的新生态，让企业家在经济竞争领域实现"功成"后在社会建设领域实现"名就"，形成"一体两翼"的发展模式，向更高阶的"社会企业"形态迈进。

配备专属投资顾问，定制慈善资产保值增值方案

慈善资产的公益性质和流动性需求决定了其投资方式单一且投资收益较低，大量慈善资产躺在账上无法抵御通货膨胀带来的缩水风险，也在相当程度上削弱了捐赠人的捐赠积极性。做好慈善资产的保值增值是金融机构运用自身专业能力推进共同富裕的主要阵地，金融机构将发挥专业优势，提高慈善资产配置效率，设计符合善本信托财产投资预期、风险偏好、流动性需求的金融产品，并开展一对一投资顾问服务，根据企业家的捐赠计划提供善本信托财产的活期、定期存款服务方案，定制风险可控、收益可观的专属理财产品，实现善本信托财产的保值增值，保障企业家慈善事业的可持续性。

缔结善行联盟，塑造正向社会影响力

浙商银行联合16家机构发起设立善行资本公益联盟，完善包含慈善定制、慈善私享、金融赋能的"慈善+金融"服务模式，兼顾公益金融服务、慈善项目设立、慈善评估以及慈善顾问等功能，旨在营造积极宽容鼓励的慈善环境，从动力、情感和认知等方面引导和支持企业家践行慈善，助力企业家自主可感知的公益慈善项目。依托慈善项目评估功能，推动慈善事业的发展，提高慈善的公信力。通过独立、客观、公开、专业的第三方评估，以慈善项目的合法性、合规性，以及企业的社会价值为主，结合法律、政府、公众和专业人士的评估，关注慈善项目效能的发挥，避免公益慈善行为的异化。根据慈善企业的意愿，建立与企业慈善目标方向一致的评估系统，同时推动企业、社会和第三方平台相互信任的机制。与传统的第三方评估监督机制不同，善行资本公益联盟在正向激励和服务的基础上兼顾评估作用，注重慈善效能的发挥和慈善项目的自我持续能力，通过慈善顾问服务，赋能企业家慈善的良性持续可循环，将顾问服务立足于慈善公益需求，关注企业的慈善意愿、社会价值是否实现，助力企业探索自主可感知的慈善模式，促进企业慈善的社会价值实现。

2023年5月起，浙商银行在浙江省内分行推进试点善本信托工程，首批共有30余个企业家客户参与，设立体现其慈善意愿的信托计划。对这些"向善"的企业家客户，浙商银行在"浙银善标"中加大授信的正向激励，适度提高风险容忍度，并在善本信托项目中提供相关的减费让利服务。2024年，浙商银行围绕"三大场景"，出台了《关于全面推进善本信托高质量发展的指导意见》，在全行范围内推广善本信托服务模式。

第六章

数智化与善本金融

数字技术、人工智能的推进给整个金融行业带来了深刻的冲击，当中既有无限的机遇，也有前所未有的变革和挑战，数智化是最能匹配金融创新的方式之一。数智时代的"善本金融"，不是简单地将传统金融放到数智化的框架中，而是要利用数智技术重塑金融业发展逻辑，尤其是改变了以往靠抵押担保的金融服务模式，突破金融的"当铺思维"；通过区块链等技术实现了信息可见、可追溯、可信赖，有效盘活各类资产，在促进产业高质量发展、实现普惠金融服务扩面提质、推动共同富裕目标实现等方面发挥数智金融的积极作用，走出一条中国特色金融发展之路。

数智化重塑金融逻辑

数字经济是继农业经济、工业经济之后最主要的经济形态。发展数字经济意义重大，是把握新一轮科技革命和产业变革新机遇的战略选择。经济数字化必将带来社会数智化，未来技术驱动的创新将是数智化和其他前沿技术的组合，经济社会资源也将通过"数智+"实现最佳配置。

马克思在《资本论》中指出:"各种经济时代的区别,不在于生产什么,而在于怎样生产,用什么劳动资料生产。"伴随关键生产要素的变化,人们的生产、生活方式也发生变化,这必将导致经济社会发展的逻辑体系和思维方式发生变化。金融数智化是一种适应数字经济的金融服务新模式,是以海量数据为基础,利用人工智能相关技术帮助决策,从而充分发挥数字的要素价值。**金融数智化不能简单理解为传统金融的数字化、线上化,而是利用数智技术来抑制、改变、重塑传统金融的弊病,真正确立起金融回归本源、服务实体的第一性,探索金融服务更好的组织方式,推进"善本金融"**。具体来看,数智化金融的发展逻辑呈现以下三个特点。

一是从过度竞争到智能协同。以往金融机构之间多把彼此视为竞争对手,隐藏信息、以邻为壑,陷入"合成谬误"和"囚徒困境"的情况较为普遍。数智化理念是一种让所有相关方获得更多价值的思维方式,在某种程度上,金融机构间的过度竞争将被限制,取而代之的是以服务实体为导向的智能协同。通过充分发挥数据要素的驱动作用,金融机构可搭建资源共享平台,平台内的每个主体既是数据、信息和知识的消费者,也是生产者,填补单体机构信息盲区,打破组织、层级、领域、区域等各类边界,拓展产品和服务的价值增量空间,有利于进一步创造互利共赢、合作共享、层次丰富的发展生态。

二是从系统封闭到场景开放。数智时代,传统金融链条不断细化，在细化过程中，所有的环节和流程不再由单一金融机构闭环完成，而是通过数智化技术实现更为合理和有效的社会分工。例如场景金融、开放金融等，其本质就是打开业务数据黑箱，引入开放生态思维，在保证安全和隐私的前提下开放数据接口，实现数据共享，构建全局优化的开放技术体系，让金融借助数智手段嵌入日常生活，形成金融与社会更深入的融合和合作。

三是从以产品为中心到以客户为中心。数智化技术的平台业态打破了供需之间的信息壁垒和传统中心化的信息壁垒，重塑金融服务模式。金融机构可从客户视角重新梳理和定义客户旅程，逐步建立更加丰富的客户标签体系，持续推动敏捷、快速、端到端的数智化流程再造。数智时代，如何提升客户价值是摆在金融机构面前的一项现实挑战，须深刻把握客户逻辑，全面洞察客户需求，进一步从以产品为中心的思维方式向以客户为中心的思维方式转变。

数智技术与善本金融的实现

数智技术弥补了传统金融的服务短板，提升了金融的服务水平，扩大了金融服务的覆盖面，充分彰显了金融的公共属性，为"善本金融"的实现创造条件。大数据、区块链、云计算、人工智能等技术应用，主要通过渠道助善、路径向善、服务行善、配置从善、产业扬善 5 种机制推进了金融服务模式的全新变化（详见图 6-1），将"善"的基因嵌入金融服务场景，为实体经济提供功能性、基础性、保障性的支持和服务，从而产生更多社会价值。

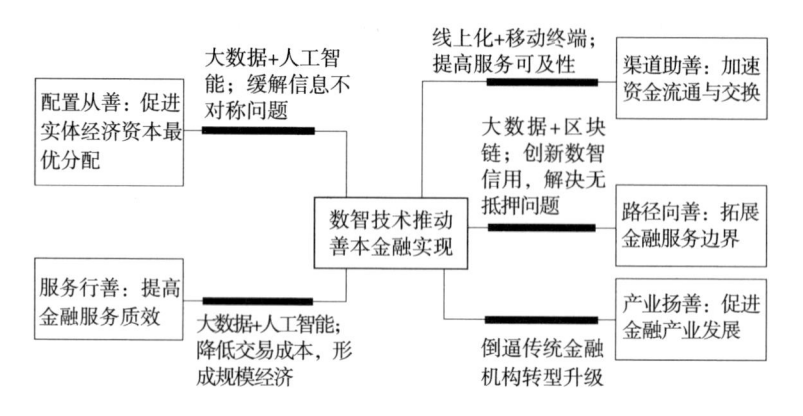

图 6-1 数智技术推动善本金融实现的 5 种机制

渠道助善：提高服务可及性，加速资金流通与交换

随着数智技术发展，尤其是移动互联技术突破了空间和时间的限制，延伸金融服务的触达范围，打通金融供给最后一公里，显著提高了金融服务的可及性和便利度。以支付体系变革为例，数智技术将物理网点才能办理的业务转移到移动终端，将现金支付革新为扫码支付，大大缩短支付链条，提高流通与交换效率。我国支付体系数智化建设起步于 20 世纪 90 年代，历经约 30 年的发展，目前我国银行业已广泛建立电子联行系统，电子支付设备持续普及，电子支付产品不断推陈出新，电子支付规模大幅提

升。根据人民银行发布的《2022年支付体系运行总体情况》，2022年我国银行共处理电子支付业务约2 790亿笔，金额约3 110万亿元，同比增长1.45%、4.50%。另外，第三方支付的交易规模更是呈现爆发式增长，主要包括互联网支付和移动支付，在消费零售、充值缴费等诸多便民场景广泛拓展。根据2023年9月艾瑞咨询发布的《2023年中国第三方支付行业研究报告》，增长主要来自社会经济复苏态势蕴含的消费类、金融类支付交易规模增长，2023年第三方综合支付交易规模将以14.5%的增速回升（详见图6-2）。

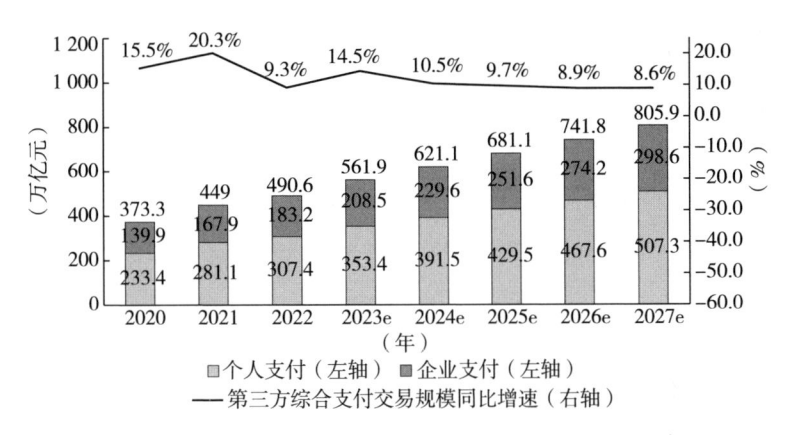

图6-2 中国第三方综合支付交易规模及增长率

注：e代表预测数据。

资料来源：艾瑞咨询。

路径向善：创新数智信用，拓展金融服务边界

金融的本质是信用管理，基于信用的货币和贷款为经济活动的快速扩张提供了重要推动力，然而在传统条件下，一些企业和

个人会因为缺乏"好的"信用而无法获得必要的金融服务。例如包括中小微企业、低收入家庭、农村经济主体等普惠金融对象,既没有充足的抵押资产,也缺乏完整的财务数据,普遍存在"信用不足"问题。金融机构出于避险考虑,对其提供融资时往往会表现出"过度谨慎","融资难、融资贵"困境难以突破。

数智信用是利用数智技术识别经济主体信用的一种金融创新。普惠金融客户不一定真的缺乏信用,只是金融机构用传统评估方法无法识别出来。大数据、人工智能、区块链等数智技术将各个领域积累的数据进行有效整合和交叉验证,实现数据资产化。数智技术本身并不创造信用,而是帮助发现一些传统方法无法辨识的信用,改变了以往靠抵押担保的金融服务模式,突破"当铺思维",拓展了金融服务边界。例如,网商银行利用支付宝积累农业户籍人口的支付场景数据,统一归集政府提供行政服务产生的涉农政务数据,利用遥感卫星技术追踪农户种植情况并将识别结果应用到授信风控模型当中,开发出各类针对农户的无抵押、免担保的线上化信用贷款。数据显示,截至2022年年底,网商银行已与1 200个涉农区县达成合作,在新增的农村客户中,80%以上从来没有获得过经营性贷款。

服务行善:降低交易成本,提高金融服务质效

根据梅特卡夫定律、网络外部性理论等,网络价值与用户

数量的平方成正比，用户价值随着其他用户的增加无须付出其他成本，映射到数字时代即为增长过程呈现出边际收益递增的特性，实现了规模经济。也就是说，数据具有无损耗特征，可以通过极低的成本进行复制并多次使用，这一特征突破了传统要素中存在的稀缺性限制，强化了边际收益递增的前提条件。进一步看，数据要素与传统要素的有机结合还推动了新的价值创造，催生了新业态、新模式，对增长形成放大、叠加和倍增效应。

数智时代，金融服务规模经济的实现主要在于降低了交易成本。具体来看，一方面是在数据搜寻上降低了成本。互联网平台汇聚了大量信息，大数据技术助力金融机构充分利用共享信息，使得包括身份数据、行为数据等多源数据采集成为可能，形成规模经济，有效降低了金融交易中的信息搜寻成本。另一方面是在信息预测上降低了成本。数智技术加速实现了多源信息的构建和关联，减少了信息验证成本，缩减了人工操作环节。金融机构能够实时获得和动态分析客户的行为特征，根据客户信用变化及时做出恰当反应，降低金融服务的运营成本、决策成本等，增强金融机构的风险管控和定价能力。根据相关研究成果，传统信贷模式下单笔信贷操作成本可能高达2 000元，而蚂蚁微贷操作成本仅有2.3元。另外，金融服务成本的降低有助于金融机构降低企业的融资成本，进一步提高了金融服务质效。

配置从善：缓解信息不对称问题，促进实体经济资本最优分配

信息不对称会导致逆向选择、错误定价、道德风险等问题。为消除不利影响、避免风险，金融机构长期以来遵从"二八定律"，对偏远地区、中低收入群体等的金融供给不足，存在金融排斥现象。例如农村金融一直是我国金融体系中的薄弱环节，信息不对称问题造成了涉农经营主体和相关企业的融资困难。而数智金融在缓解信息不对称问题上发挥着重要作用，实现了基于海量数据的数智风控，降低信贷决策对传统财务信息的过度依赖，让金融机构"敢贷愿贷"，扩大金融服务的覆盖面。

从经济学角度看，资本具有稀缺性，资本的最优配置意味着对于有限的资本而言能得到最大的产出。作为经济运行的血脉，金融资源的配置状态在很大程度上影响了整个社会经济的运行效率，过度金融和金融不足是目前金融资源不均衡的两大症结。数智金融能够将社会上的闲散资金和金融资源汇集起来，利用科技手段精准衔接金融服务的需求和供给，使在传统金融中受到排斥的客户同样能够获得资金支持，实现社会资源配置效率的提升。

产业扬善：倒逼传统金融机构转型升级，促进金融产业发展

数智技术在金融领域的应用和发展降低了金融门槛，使得先进互联网企业可以通过平台模式进入金融领域拓展业务空间，产生了"鲇鱼效应"，改变了金融机构的竞争格局，倒逼传统金融机构转型升级。互联网企业依托数智技术、网民基础等，搭建数智金融平台对资源进行整合，实现用户和金融资源的充分连接，形成一个高效、透明、便捷的金融交易通道，深受大众欢迎。在互联网企业的冲击下，传统金融机构也不断加大业务创新力度，完善服务设备和业务体系，努力建立起与客户之间的有效沟通，打造更加智能化、人性化的服务。正如金融功能理论的代表人物博迪和莫顿指出，金融功能比金融机构更加稳定，只有机构不断创新和竞争，才能最终使金融具有更强的功能和更高的效率。

另外，数智金融在客观上还推动了金融改革，促进金融产业发展。**一方面是加速了利率市场化进程**。利率市场化是实现金融资源市场化配置的重要条件，也是我国经济体制改革的重要内容。数智化提升了银行利率定价的技术水平，同时互联网贷款、互联网理财等也倒逼银行提高对市场利率变化的敏感度，对银行利率定价市场化具有正向作用。如在存款利率方面，2014年年初，银行活期存款利率仅在0.35%左右，而同期可随取随用的互联网"类存款"产品利率甚至超过6%，对传统金融机构的存款业务产生了严重分流。2015年人民银行放开了存款利率上限，不可否认数智金融在加快我国利率市场化进程中发挥了重要推进作用。**另一方面是为数字货币发展奠定了基础。**数智金融推动数字货币、电子货币逐渐取代纸币，成为重要的支付手段。人民银行依托区块链技术推出了数字货币（e-CNY）的发展规划，主要用于替代M0（流通中现金），截至2022年年末，数字人民币试点范围已扩大至17个省（市）的26个地区，多个试点地区取得阶段性进展。

善本金融的三大数智化业务场景

场景化是数智时代金融服务的基本形态，是数字技术和实体经济深度融合的具体落实。金融创新存在正面和负面的"两重性"，引导"科技向善"是"善本金融"的重要内容维度，**供应链金融、普惠金融和共富金融是数智化时代"善本金融"三个主要着力的业务场景。**

供应链金融场景：促进产业高质量发展

供应链金融为解决供应链企业融资难、融资贵、融资慢等问题提供了新思路。2020年,人民银行等八部门联合印发了《关于规范发展供应链金融 支持供应链产业链稳定循环和优化升级的意见》,确立了供应链金融在促进产业发展中的独特地位,并明确了供应链金融创新发展的规范体系。2022年,我国供应链金融行业余额规模达到了36.9万亿元,过去5年的复合年均增长率为16.8%,高于我国企业贷款规模增速。根据艾瑞咨询预估结果,随着政策、经济、技术等各方面环境的进一步优化,未来5年我国供应链金融行业规模将以10.3%的复合年均增长率继续增长,至2027年其规模将超60万亿元,成为全球最大的供应链金融市场之一。

2022年1月,银保监会发布《关于银行业保险业数字化转型的指导意见》,明确了"积极发展产业数字金融……围绕重大项目、重点企业和重要产业链,加强场景聚合、生态对接,实现'一站式'金融服务"的监管导向。供应链金融发展历程大致分为线下人工审批、线上批量发展、数智化迭代升级三个阶段,当前在产业链、供应链数智化变革的大趋势下,更需要数智化的供应链金融服务来匹配。产业、金融、数智三者有机融合,将极大提升产业能级,为产业高质量发展提供强大动能。**从技术层面分析**,传统供应链金融模式下,核心企业主动作为积极性低,为其上下游进行确权或者担保需要承担较大的风险责任,且缺乏明确的风险补偿机制。而数智技术发展,尤其是区块链技术通过共识机制、智能合约、去中心化等对传输中的信息实现全过程的保真与约束,使得供应链金融解决了可见、可追溯、可信赖等方面的问题，确保了更加可信的交易链、资金链的建立。**从模式层面分析**，数智化的供应链金融服务从单纯的借贷活动转向综合性的金融服务、从为核心企业服务转向为产业生态服务，通过对产业数据的整合分析寻找到产业升级的发展方向，进而更高效地配置、重组各类要素资源，有利于提升产业层次和组织化程度，推动产业价值链向高端延伸。

数智化时代的供应链金融结合资产及经济行为的价值化，改变了以往靠抵押担保的金融服务模式，成为金融供给侧结构性改革和推动产业升级的重要抓手。目前浙商银行的供应链金融服务也正朝着数智化方向积极探索，基于供应链交易数据、税务数据、人行征信数据、商品价格数据等，利用区块链技术去中心化的、不可篡改的优势，解决确权问题和信息不对称问题，以大数据风控模型审批为主，激活交易信用、盘活物的信用、释放数据信用，实现授信审批和贷后管理自动化。截至2023年年末，已在电力、能源、汽车、钢铁、通信等近30个行业形成差异化的解决方案。再如，交通银行通过延展"秒级"融资产品线，推广智慧交易链平台应用，实现了跨场景金融合作和全程自动化秒级放款等功能。

普惠金融场景：助力金融服务扩面提质

诺贝尔经济学奖得主罗伯特·希勒教授曾提出，社会经济结构不平衡的状态，其根源就是金融结构的不平衡。普惠金融既是一种扩大金融市场规模的经济理念，更是一种关乎权利保障的社会思想，是衡量金融体系公平性的价值准则和道德标准之一。普惠金融在全球的实践可以追溯到20世纪70年代，东南亚和拉美地区的一些非政府组织向贫困人口发放小额贷款，其中被人所称道的孟加拉国乡村银行——格莱珉银行被众多发展中国家模仿或借鉴，其创始人也获得了诺贝尔和平奖。

近10年来，伴随数智技术的飞速发展和成熟应用，解决了普惠金融的可获得性、可负担性、商业可持续性等内生要求，普惠金融呈现出更加蓬勃的发展态势。数智普惠金融发展不仅是科技力量的驱动，更是客户需求的挖掘和服务模式的重塑，通过对内部管理、外部展业的数智化赋能，传统普惠金融的经营模式被打破重构，进一步激发了金融应有的功能属性，优化提升金融供给。一方面，金融机构可通过打造智能审核、智能风控等，强化批量模型建构，进一步提高决策的精准性和资源配置的有效性。另一方面，金融机构可通过打造智能营销、智能服务等，开展客户全景画像，全面提升客户服务效率和服务质量。

2023年9月，国务院印发《关于推进普惠金融高质量发展的实施意见》，为未来5年我国构建高质量的普惠金融体系擘画蓝图与路径，明确提出要提升普惠金融科技水平、打造健康的数字普惠金融生态、健全数字普惠金融监管体系等。推进中国式现代化需要在实践中大胆探索，通过改革创新推动事业发展，数智技术的应用和推广把我国普惠金融发展带上了快车道，在一定程度上实现了对发达国家的"弯道超车"，为小微企业融资这个世界性难题提供了解决方案。"数智"与"普惠"的有机结合，改变了普惠金融的行业面貌和经营模式，促进金融服务更广泛、更深入、更公平地惠及广大人民群众，不同金融机构、行业组织等也从自身优势禀赋出发，探索形成各具特色的数智普惠金融发展创新模式。浙商总会金融服务委员会在杭州临平区试点推进"金服宝·小微"平台建设，整合了社会化企业服务资源，通过"政府搭台＋金融助力＋企业受益"的创新模式，围绕中小微企业生产、经营、管理、金融等多维度需求场景，构建了"科技＋产业＋生态"的一站式、伴随式的综合服务体系。

共富金融场景：发挥金融的保障性作用

共同富裕是社会主义的本质要求，是中国式现代化的重要特征。数智金融有利于经济高质量发展从而实现"创富"，有利于构建互助互利的生态从而实现"共享"，将为建立与共同富裕目标相适应的金融体制机制提供关键基础支撑。如从区域协调发展的角度看，相关研究表明，数智技术使得区域范围内金融服务的虹吸效应转变为溢出效应，金融资源会向经济韧性较差的区域倾斜，填补其金融空白、补足其金融体系，将带动欠发达地区全要素生产率提升，与共同富裕的战略目标相契合。

在共同富裕背景下，数智金融的发展路径与社会责任履行结合得更为紧密，将为实体经济提供更多体现保障性的支持和服务，充分彰显金融的社会属性和公共属性。具体来看，数智化的共富金融将会带来三类积极效果。

一是将引导金融资源均衡配置。数智技术发展拓宽了金融机构的数据获取通道，完善了信用数据采集体系，促进金融资源流向中低收入群体，降低金融服务门槛，克服了传统金融重点服务"头部客户"的弊端。尤其在乡村振兴领域，金融机构可将农村集体资金、资产、资源等纳入数字化系统，打破信息孤岛，"一县一策"地制订金融解决方案，将乡村治理"软环境"变为融资"硬实力"。例如，浙商银行聚焦区域特色优势产业的金融场景需求，将大数据和人工智能技术应用融入区域定制型产品服务，创设了"数智共富贷"，通过多维互联，有效提升了服务质效。截至 2023 年年末，"数智共富贷"共推出龙游生猪、江山智造、三门青蟹等 59 款定制产品，较年初增加 34 款，助力浙江山区 26 县相关项目获批授信额度超 55 亿元。

二是将优化区域金融生态。共同富裕不仅是经济发展问题，也是社会治理问题，包括公共服务均等化、社会生活互助和谐等多层面内涵。数智金融可实现区域金融供给的迭代升级，从宏观到微观多层级穿透监测金融风险，并将金融政策、法规、服务等信息推广至区域内的各个企业主体、个人等，提升区域整体的金融意识，优化区域金融生态，提高发展的协调性、包容性。

三是将激活更多群体的创业想法，形成良性循环。 数智共富金融增加了创业者获取启动资金的可能性，降低了创业资金获取成本，有利于提高区域创业活力。此外，成功的创业活动可以解决剩余劳动力的就业问题，有效带动周边群体的创业积极性，形成示范效应，提高共同富裕水平。

综上所述，"善本金融"的三大数智化场景方向已初露峥嵘，展望未来，金融与数智技术融合的加速跑依然会持续，在业务发展、生态建设等方面均会呈现全新图景，有利于践行金融工作的政治性和人民性，推动在中国式现代化语境下的金融高质量发展。

数智时代善本金融的伦理挑战与应对

数智时代为"善本金融"开辟了广阔的舞台，也向"善本金融"提出了全新的课题。数智技术在金融领域的持续发展衍生出了各类复杂多样的伦理问题与潜在风险，带来一定负面影响。因此，数智金融创新应牢固树立"善本"原则，从社会价值视角出发，发挥科技手段的积极作用、克服消极因素，实现创新与治理"两手抓"。

数智时代善本金融面临的伦理挑战

传统金融通常基于面对面交易和人工决策，过程较为公开透明；数智金融主要聚焦**数据和算法**，金融交易更加依赖数据的收集和处理，并通过算法做出决策。数据与算法映射出来的人、财、物和现实中的人、财、物交织在一起，各类关系发生巨大变化，可能产生多种新型伦理问题，具体包括以下四类。

一是隐私数据泄露潜在风险突出。金融机构的数据全生命周期管理都可能存在伦理问题，如违反最小必要原则违规收集数据、安全管理不到位造成信息泄露等。特别是移动支付领域涉及大量的金融交易和个人支付信息，庞大的隐私数据被集中收集分析，恶意窃取个人隐私数据的行为严重侵害了金融消费者的合法权益。金融数据安全和隐私泄露问题是数智金融伦理失范的最典型领域，相关的国际立法和监管处罚也最为集中。截至2022年年底，全球194个国家中已有超130个国家制定相关法律法规保护数据隐私。

二是算法黑箱侵犯消费者权益。数智化背景下，模型与算法已嵌入金融机构业务流程的各个环节，部分机构利用算法黑箱特性实施差别定价，出现算法"杀熟"现象，侵占所有消费者剩余，特别是人工智能技术引进使得黑箱问题更加突出。另外，部分机构利用信息推荐技术，蓄意构建充斥高风险金融产品服务的信息茧房，以算法优势排除和限制市场竞争，阻碍消费者自主选择，导致"劣驱良"现象。例如在智能投顾领域，"智能推荐"的理性外观之下可能存在证券公司、基金公司、投资咨询机构之间不当的利益关系，欧洲证券市场管理局在《MiFID Ⅱ[①]适用性指南》中明确将算法模型作为智能投顾的监管重点。

三是部分平台滥用市场支配地位。早在2 000年前，管仲在《侈靡篇》中指出"贱有实，敬无用，则人可刑也"。真正有用的日常生活必需品须价格低廉，一些华而无用的奢侈品可以价格高昂，反之社会就会出大问题。在数字经济时代，数据和信息作为社会核心资源必须保证其价格低廉，才能降低整个社会的经济运行成本。但目前部分平台公司在经济利益的驱使下，凭借其在电商、社交等领域积累的规模优势，利用网络效应进行不公平竞争，形成"赢家通吃"的垄断局面，引发"大而不能倒"风险，导致社会总体福利下降。更有甚者打着"创新"的幌子，模糊业务边界，层层包装产品，开展无照或超范围经营，游离于金融监管之外，致使潜在风险伴随失德行为蔓延滋长。

四是数字鸿沟问题影响社会公平。数智化转型趋势下金融机构网点缩减，传统金融服务供给比例下降，而数智金融产品设计又缺乏对老年人、残障人士等特殊群体的关照，造成金融产品服务结构性缺陷，出现了数字鸿沟现象，加剧金融服务的马太效应。数字鸿沟关系到社会公平公正，将对社会可持续发展产生深

[①] MiFID Ⅱ的全称为 Markets in Financial Instruments Directive Ⅱ，即《欧盟金融工具市场法规》，在欧盟所有成员国实施，旨在促进欧盟形成金融工具批发以及零售交易的统一市场，同时在多个方面改善对客户的保护，其中包括增强市场透明度、出台更符合惯例的客户分类规则等。

远影响，一些数字化、智能化金融产品在设计时应蕴含"老吾老以及人之老""金融服务一个都不能少"等具有道德伦理的理念。

数智时代善本金融伦理建设的相关思考

英国技术哲学家科林格里奇在《技术的社会控制》一书中提出"科林格里奇困境"这一命题，是研究科技风险控制与技术治理的经典范式。"科林格里奇困境"是指**"技术后果在其发展前期难以被识别；技术发展成熟后的风险管理要点逐渐明显，但已经很难对其进行控制"**，主要体现了风险识别与风险控制两个向度。在风险识别方面，新兴技术的发展趋势及其与社会融合将产生的结果往往都是难以准确预测的。由于监管机构缺乏足够多的信息与识别风险的能力，新兴技术带来的风险在早期很难被识别，只有当新兴技术在社会中被应用、部署和嵌入之后，其负面影响才会变得明显。在风险控制方面，当新兴技术在社会中被广泛应用后，对技术的控制将会受到技术产业链、技术使用者等利益相关方的重重掣肘，"牵一发而动全身"，解决其所衍生的问题又会变得特别困难。

数智金融"新"而难看清、"杂"而难管控，"科林格里奇困境"映射在数智金融中，已经形成了严峻的伦理风险治理挑战，具有更强的不确定性、传染性和叠加性。例如，大数据技术起步发展时，中小金融机构由于自身数据管理能力较弱，通常会尝试采取与科技企业外包合作的模式，而外包合作却在后续成为隐私数据泄漏风险的主要传导来源。金融数据处理风险未能被预见，对金融数据处理行为的风险来源、风险等级、风险形式的误判等现在已是金融数据保护领域的沉疴痼疾。再如，算法技术的引入虽然提升了金融服务的精准性，但也伴生性地引发了新的挑战，诸如前文所述的算法黑箱、数字鸿沟等问题在科技与金融业务的深度融合中变得更加难以管控，极大影响了金融公平和社会稳定。

其实关于科技伦理的学问已由来已久，道家在"以道驭术"的基础上逐步形成技术伦理思想体系，主张"道进乎技""道技合一"。近代蒸汽机、电机等系列技术发明推动传统农业社会向工业社会转型，科学理论实现重大突破，古老朴素的科技伦理观念又进一步更迭。聚焦金融领域，早期的金融伦理较为注重约束金融机构、金融人员的道德规范与工作方式，属于"从业者伦理"范畴。然而随着大数据、人工智能技术在金融领域的全面应用，数智金融的伦理问题更为复杂，充分体现了金融伦理建设在数智时代的全新特征。对此，结合"科林格里奇困境"，我们提出两方面建议。

一是实施监管沙盒下的数智金融创新，优化风险识别。 数智金融具有破坏性创新的特点，挑战和冲击了原有的创新制度，需要某种形式的适应性监管和监管试验主义，既要防范风险，也不能因噎废食，"一刀切"地禁止一切创新业务。2016年，英国金融行为监管局正式将监管沙盒的设想付诸实践。监管沙盒设置了一个"安全空间",在这个安全空间内,金融机构可进行数智金融产品服务的创新测试而不用立即受到监管约束,如果产生问题也可尽快识别风险以规避大范围的不利影响,可在推动金融创新与金融稳定、金融消费者保护之间更好地实现平衡。监管沙盒目前已在海外广泛应用,例如在人工智能领域,新加坡金融管理局推出的监管沙盒促进了人工智能产品和服务的实验;欧盟委员会颁布的《人工智能法案》则明确了监管沙盒的相关政策内容。

二是构建法律规范与伦理治理的架构体系,实现"刚柔并济"的风险管控。法律是以强制规范保障数智金融的基本秩序,是"刚性底线"。伦理体系作为法律规范的补充(我国目前关于科技伦理治理的主要政策部署详见表6-1),是以社会价值的普遍认同为数智金融圈定"柔性边界",树立起数智金融"向善行善"的价值导向,促进金融机构和金融从业人员建立起有利于社会进步和人类发展的伦理观念。数智金融伦理建设应做到"刚柔并济",通过"自律"和"他律"相结合管控金融风险,实现数智金融的法律规范与伦理指引互通互融,共同确立好数智金融的"善本"原则。

表6-1 我国关于科技伦理治理的主要政策部署

时间	事件
2019年7月	中央全面深化改革委员会第九次会议审议通过《国家科技伦理委员会组建方案》
2020年10月	党的十九届五中全会提出"健全科技伦理体系"

（续表）

时间	事件
2021年5月	习近平总书记在两院院士大会、中国科协第十次全国代表大会上的讲话中指出，科技创新在给人类带来福祉的同时，也带来生命伦理的挑战。要前瞻研判科技发展带来的规则冲突、社会风险、伦理挑战，完善相关法律法规、伦理审查规则及监管框架
2021年12月	中央全面深化改革委员会第二十三次会议审议通过《关于加强科技伦理治理的指导意见》
2022年1月	中国人民银行印发的《金融科技发展规划（2022—2025年）》提出八方面重点任务，其中包括"健全多方参与、协同共治的金融科技伦理规范体系"
2022年3月	中共中央办公厅、国务院办公厅印发《关于加强科技伦理治理的意见》
2022年10月	中国人民银行正式发布《金融领域科技伦理指引》标准，提出金融领域开展科技活动须遵循守正创新、数据安全、包容普惠、公开透明、公平竞争、风险防控、绿色低碳7方面的价值理念和行为规范
2023年9月	科技部等多部门联合印发《科技伦理审查办法（试行）》

第七章

善本金融的文化养成

建设"金融强国",应当筑牢金融文化的根基,塑造符合社会主义先进文化发展方向的金融文化,形成金融业独特的核心价值、行为规范、行业风貌等,直接关系到金融业的高质量发展。近年来发生的金融乱象与风险案例,背后都指向金融文化方面的问题,深层次是金融文化的迷失、缺乏和扭曲,加剧财富分配的不公,导致社会的撕裂。善本金融的文化养成,要从社会价值向度推动金融业进行"反思悟道",做到以义取利,不唯利是图,处理好功能性和营利性的关系,推动金融初心回归、功能矫正和使命提升。

文化建设是关乎价值观与可持续发展的命题

文化建设与价值观塑造

文化关涉国家和民族的前途命运,以及灵魂的塑造。理解文化建设,首先要把握好文化的要义。何谓文化?文化概念可大可小,大到整个精神文明,小到文化艺术产业。胡适先生的定义是："文化是一种文明所形成的生活的方式。"因此，文化建设的实质就是我们人文精神的涵养，实现精神自觉，可以用以下三个词来把握文化建设的内涵。

1. "文以化人"，以人的精神追求超越物性

人之所以为人，是因为有"文"，这里的"文"指的是人类文明。"文以化人"指的是人通过文明而超越动物界，文化是我们人所特有的精神自觉。相对于欲望世界、动物本性，人会去追寻更高雅的精神世界。马克思曾经揭示人类的三次飞跃，第一次飞跃从自然界中分离出来，从自然制约中解放出来，超越一般动物；第二次飞跃是从社会发展中提升出来，从社会压迫中解放出来，走向社会大同；第三次飞跃是从人自己的思想中解放出来，走向更高自由。三次飞跃，就是人不断从必然王国走向自由王国的过程。雅斯贝尔斯说："物质的本质是重量，精神的实质是自由。""文以化人"就是一个去功利化物质化的过程，自由需要有一定的物质，但超过了度之后，物质越多，自由越少。中国的传统文化里崇尚"雅"和"远"，雅即高雅，远即远离尘世功利。历史上，能"以文化人"来创立学说的，无论是中国还是西方，无论是春秋儒道还是后来的玄学、理学，有一个共同点，就是抑制欲望，远离低级趣味，提升格局，追求精神世界的丰富感受。

2. "文以载道",承载人的价值理想

这里的"道"指的是价值。形而上者为道,形而下者为器。文以载道,讲的是文化解决的是价值观的问题。价值观回答的是人生的意义,告诉我们为什么而生活,是初心,是使命。这个世界上,能够得到大家认同的价值观主要有三种:以儒家为代表的现世有为价值观,即所谓立德立功立言的"三不朽";以宗教为代表的精进积福的价值观,认为有因果报应,所以要做善事争取获得精进;还有就是顺其自然、快乐为本的价值观,比如伊壁鸠鲁的快乐主义、道家的"人法天,天法道,道法自然"。文以载道就是要确定和清晰我们的价值观,始终知道从哪里来,为什么出发。

3. "文以养心",不断提升人的心性

这个心,是精神,是灵魂,是心情,也是心绪。现代科学已经证明或正在证明,精神对于我们世界的决定作用越来越大。《大学》有语:"富润屋,德润身。"屋子用财富可以养,人心须以文化德行浸润。《老子》又称《道德经》,上下两大篇共81章,前37章为《道经》,后44章为《德经》。道就是天地大道,天道自然,是对形而上的思索,是对精神规律的追寻;德就是文化中修身养性的部分,是追寻的结果。文以养心,就是要通过文化滋养,最终提升人性。

通过"文以载道"实现"文以化人",总体上是宏观层面深层次的,从每个人的日常而言,"文以化人"又是通过"文以养心"来实现的,这样就清晰了文化建设的内涵。文化的内涵很丰富,文化的状态很关键,文化的水平很深刻。如果从文化的哲学内涵来评判我们的时代,当前是有些令人悲观和担忧的,体现为不远、不雅、不敬、不宁的行为或现象越来越多了。物质多了,自由少了;功利多了,价值少了;学历高了,文化低了。从某种意义上讲,文化建设就像打扫卫生,不打扫就会脏,脏了就会降低我们的文明标准,懒惰心就来了;文化建设是协同心练习,不协同就会掉队,自私心就来了,会越来越浓;文化建设是价值自觉,就是不被功利心、快乐性蒙蔽;文化建设更是格物致知,防范沉沦,明心见性。王阳明说,心静下来了就会见到道,但一有问题就会昏沉,缺的就是格物的力量和意志。安静下来最容易的不是清醒而是沉沦。所以,文化建设就是擦亮自强心,防范懒惰性;擦亮上进心,防范沉沦心。

文化建设是可持续发展之本

"文化是根植于内心的修养,是无须提醒的自觉,是以约束为前提的自由,是为别人着想的善良。"一直以来,文化建设都是最深远最核心的命题,解决的都是最重要最持久的价值和意义问题。因此,将文化建设作为一家企业、一个行业乃至国家的可持续发展之本,能为我们找准前进的方向,激发强大的动能。文化建设之于当下之社会、当下之金融,尤为重要,尤为迫切。

1. 文化建设是社会之需

经过40多年的改革开放,我国GDP已超100万亿元人民币,人均GDP迈上1万美元的新台阶。从物质形态上看,我们经历了历史上最大的飞跃,但从文化视角看,这些年来社会上的"功利化趋势",把物质利益几乎作为成功的唯一标准和追求,所以有了"让灵魂跟上脚步"的慨叹。文化解决的是定力,疏解浮躁;文化解决的是站位,平抑功利。针对社会文化建设的相对滞后,中央多次强调要加强社会主义文化建设,加强文化引领,坚定文化自信。应对百年未有之大变局,比拼的不仅是创新更是定力,不仅是产值更是文化。拥抱变化,但必须保持定力,深谋远虑,经世济民的信念不能忘,脚踏实地的作风不能丢,要学会不畏浮云遮望眼、乱云飞渡仍从容。

2. 文化建设是行业之需

改革开放以来,随着我国经济实力的增强,内生于经济系统的金融体系不断成长壮大,取得了显著的成就,形成了包括银行、证券、保险、期货等多业态的金融市场,尤其是银行业规模庞大,超过4 000家的银行机构,构成了全球最大的银行体系之一,为金融强国建设提供了坚实的物质技术基础。作为世界上第二大经济体,我国已成为一个金融大国,但要建设与中国式现代化相适配的金融强国,仍存在较大差距和挑战。我们要清醒地看到金融机构发展过程中自身功能弱化、服务功能淡化、价值取向异化等不容回避的教训和问题。马克思曾说:"银行家的话比牧师的话更重要。"然而,目前一些"金融家"的社会形象并不令人乐观。破除"金融精英论""唯金钱论""西方看齐论"等错误思想,给金融从业者敲响了警钟,其背后是贪欲膨胀,滋生出攀比心。这种种问题,究根问底还是价值取向和文化导向的问题。文以化心,对一个行业而言,可以涵养发展生态、塑造气质形象,中央金融工作会议也专门提出"在金融系统大力弘扬中华优秀传统文化"。善本金融就要以此推动行业的文化重塑、价值提升,树立功能性第一位的金融观,切实推动金融回归服务实体经济的初心本源。

在快速发展过程中,个别金融机构也暴露出一些因文化建设不到位而引起的深层次问题。比如,不能片面强调金融专业化,淡化政治意识、规矩意识,弱化党委对经营工作的全面领导;不能片面强调商业化,淡化金融国之大者的使命担当,弱化金融服务为民的政治属性;不能片面强调规模速度,淡化底线意识,弱化金融风险管控等。这些问题和教训表面上看是业务的激进、风险的失控、规则的缺失,但归根到底是在于人、在于文化。人的价值观出了问题,格局出了问题,情怀出了问题,说到底都可以从文化深处找到症结。

金融文化的基本内涵和主要功能

金融是有历史的，有文化内涵的。自从货币出现，就有了金融文化。虽然"金融"一词是近代才出现的，但有关货币和信用的经济活动早已有之，中国的金融文化有着悠久的发展演变历史。据学者考证，《国语·周语》记载"先王制币说"的肇始，是中国古代最早记载有金融属性的故事。而《管子·山权数》则有更具体、更明确的记载：禹汤遭受水旱之灾，百姓卖儿鬻女。为让百姓赎回子女，禹汤便造出了货币。这两位被历史称颂的先民领袖造币的传说故事，可列为世界上最早出现的金融文化现象。重新认识金融文化的重要性，加快建设中国特色金融文化，是摆在我们面前的紧迫课题。

金融文化的基本内涵

文化有大概念和小概念，金融文化也有广义和狭义之分。中国金融文化源远流长，但从金融文化的视角研究金融发展的文献比较少，近代经济学家更侧重于研究文化对经济的作用。根据尹海英（2013）在《解读"金融文化"》一文中的梳理，"金融文化"一词是由陈岱孙（1934）在一篇题为"金汇本位与战后之欧洲金融"的文章中首次提及，后续国内逐渐出现了有关金融文化概念和作用等方面的研究。2011年10月，党的十七届六中全会提出"文化强国"战略后，金融文化也成为我国金融理论界研究和探讨的热点。

有关"金融文化"的概念及含义，国内学术界有诸多解读，归纳来看大致包括了三个层面的意思。

第一个层面是显性的物质层面，也可称为金融物质文化，是一种以物质为形态的金融文化的外在显现，如货币、股票、票据等金融工具，或是金融机构展示的外在的形象。

第二个层面是金融行为准则，也可称为金融行为文化，主要指金融业在发展中形成的理论体系、制度体系和组织体系等。制度文化虽然是直观地通过"刚性"的制度、规范和准则来反映的，其中却渗透着"柔性"的文化因素。

第三个层面是隐性的，也是金融文化最内在的层次，主要表现为金融哲学、金融伦理，是社会伦理观、价值观在金融领域的投影，又称为金融精神文化。金融文化乃是一切金融交易行为背后所隐含的人类价值观（伦理观）的总和，是在金融体系自身不断演变中逐渐形成的一整套伦理体系（王曙光，2022）。

金融文化不是简单意义上的将"金融""文化"二者合并。金融文化的出现，是金融与文化相互依存、相互作用的结果，是社会文化的有机组成部分。金融交易作为一种人类行为，要基于人类的本性出发进行研究，才能洞达金融交易的本质，其意蕴是

"金融的核心问题是人的行为",并引申出金融文化是金融业"集体人格"的观点。王曙光(2022)认为,这既是金融机构奠定自身人格的过程,也是金融机构塑造自身文化品性的过程。当前,金融科技的突飞猛进也没有改变金融交易的这个本质,科技没有代替人,非人格化也代替不了人格化。

金融文化的 5 个功能

人类的社会行为有互助合作共赢的一面,也有贪婪自私的一面。金融在外界之口碑,亦取决于文化品性与人格。我们提出善本金融,就是希望以善本原则,发挥人的本性中的积极一面,鼓励其互助合作共赢的行为,并遏制消极的一面,控制其贪婪自私的行为。因此,任何金融交易及其产品,都有一个合宜的问题,即中国传统儒家义利观中的"义"——"义者,宜也"。只有具备或培育了这样的"集体人格",金融才能更好地为人类服务,增进民生福祉,否则将沦为一种贪婪自私、损人逐利的工具。综合来看,金融文化具有导向、激励、约束、塑造和润滑 5 个方面的功能。

1. 导向功能

金融文化是金融机构长期经营实践的结晶,它强调通过行业文化的塑造,来引导和提升金融行业、金融机构和金融从业者的服务理念，推动金融回归服务实体经济的初心。

2. 激励功能

此功能强调满足金融从业者的精神需要，使他们产生归属感、自尊心和成就感，一旦金融从业者对金融文化产生了强烈的情感共鸣，就能充分激发他们的巨大潜力，达成共同的价值目标。

3. 约束功能

无论是西方还是东方，契约精神都被视为一种基本的伦理道德和文化传统。诚信守约是中国传统契约精神的要义，除了硬性的法律约束外，金融文化作为一种软约束，是通过金融制度、员工行为准则、道德规范等发挥自我约束作用的。

4. 塑造功能

金融文化是金融机构的无形资产，其理念一旦融入产品、环境、员工、公共关系等形象之中，将极大提升核心竞争力和品牌认可度，进而给金融机构乃至整个行业发展带来美誉。

5. 润滑功能

文化润物无声，金融文化是金融领域的润滑剂，能使金融从业者减少不必要的摩擦和矛盾，使内部协同活动更加协调有序，

"以和为贵"地激活团队能量。

概括来说，金融文化对现代金融业的发展具有重要的推动作用，这种"集体人格"一旦形成，成为一种"文化软实力"，将转化为"发展硬实力"，是金融机构不可或缺的竞争力量。

善本金融文化建设的基本要求

当前，百年未有之大变局加速演进，金融作为现代经济的核心，各国之间的金融竞争，不只是金融机构、金融服务、金融技术等有形的博弈，更有建立在金融信念、金融价值观和金融行为规范基础上的金融文化的比拼。党中央把马克思主义金融理论同当代中国具体实际相结合，同中华优秀传统文化相结合，努力把握新时代金融发展规律，持续推进我国金融事业实践创新、理论创新、制度创新，为建设中国特色金融文化提供了根本遵循，也为提升中国金融软实力打开了更为广阔的空间，将更好地服务于强国建设、民族复兴伟业。推进善本金融文化建设，要坚持以下6个基本要求。

要坚持党建引领

金融文化是党的文化建设的重要组成部分，是党委工程、"一把手"工程。中央金融工作会议指出:"加强党中央对金融工作的集中统一领导,是做好金融工作的根本保证。"一方面,要深刻领悟党对金融工作领导的重大意义,深化对金融本质和规律的认识;另一方面,要深刻领悟党建工作引领金融文化建设的重要意义,在文化建设中突出金融企业的政治属性。实践证明,党建引领是发挥党的政治优势,加强思想政治工作,推进建设"金融业者清廉、金融机构清朗、金融生态清明"的清廉金融文化的重要保障。

要赓续红色文化

追寻红色足迹,坚定初心使命。红色文化源于五四新文化运动和中国共产党成立,是中国革命事业的精神遗产,蕴含着丰富的革命精神和厚重的历史内涵。它以马克思主义为指导,以革命精神为内核,传承中华优秀传统文化,积淀社会主义先进文化的底蕴。其中,红色金融文化又是红色文化的重要组成部分,隶属于马克思金融资本理念中国化,为新中国的金融事业积累了宝贵的经验和成果,如何让红色金融文化在新时代焕发新的活力,需要我们不断地研究和实践。

要传承优秀传统文化

由于金融竞争日趋激烈,金融文化有倾向于追逐利润与规模的趋势，很多金融机构对金融从业者的激励方式也以物质激励为主，存在"重业务，轻文化"的现象。文化的偏差可能造成金融机构、金融从业者产生急功近利的心理，为追逐利益而背离职业道德和制度规范，发生违纪违规行为，对机构的行业声誉造成严重危害。优秀传统文化是中华民族的精神命脉，是涵养社会主义核心价值观的重要源泉。中央金融工作会议提出"要在金融系统大力弘扬中华优秀传统文化"，传统文化中"崇德重义"、"以义取利"、"诚信为本"和"知行合一"等精神，有助于引导金融机构、金融从业者正确处理道德规范与物质利益之间的关系，对金融文化的重塑与提升有重要的现实意义。

要践行社会主义核心价值观

社会主义核心价值观是社会主义核心价值体系的内核。"富强、民主、文明、和谐"主要体现在国家层面的内涵，包括"家国一体"、"国泰民安"以及"天下大同"等价值理念。"自由、平等、公正、法治"主要体现在社会层面的内涵，包括社会利益矛盾体的协调和化解的价值规范。"爱国、敬业、诚信、友善"体现在个体层面的内涵，包括国家伦理或社会公德对个人品德修养、行为习惯养成的价值导向。现代金融活动中，把社会主义核心价值观融入金融发展的各个方面，并转化为金融机构、金融从业者的情感认同和行为习惯，是金融文化建设的一项重要任务。

要弘扬金融家精神

理论和实践表明，如果没有活跃的企业家群体，任何一个产业都难以成长、成熟和富有活力。金融业亦然，如果没有一个具备企业家精神的金融家群体，就没有充满生机和活力的金融业。金融高质量发展，离不开金融家精神的充分发挥。金融家及其个人的文化价值标准，在金融的资源配置决策和金融文化建设中起着中流砥柱的作用。作为金融人群体的核心，金融家必须能够以自己的言行在机构内部造成一种"势"，使每一个员工都有明确的愿景并为之奋斗。一个先进的金融文化理念的提出、建设与最终形成，金融家的作用最为关键，它所形成的凝聚力是金融高质量发展持久不衰的力量之源。

要有高的站位、格局和情怀

一是要通过学习明理来增进智慧，提升站位的高度。我们身处中华民族伟大复兴的大时代，身处金融业全面深化改革的大背景，很多省市也迈入了高质量发展建设共同富裕示范区的新时期。身处这样的时代大潮中，每个金融人都有责任思考怎么样持续深化学习，在不断学习精进的过程中增进智慧、开阔视野、提升站位。俗话说："一日不读书，尘生其中；两日不读书，言语乏味；三日不读书，面目可憎。"金融人要在点滴中养成学习习惯，在忙忙碌碌中始终不忘自己的精神坐标，把读书作为"无须提醒的自觉"，少一点烟酒味、多一点书香气，少一点吃喝玩乐、多一点读书学习。学习的深了，见识的多了，金融人的视野就能更开阔，胸襟就能更博大，想问题、干工作就能放到更开阔的视野、更博大的胸襟中去审视。金融机构要把营造学习氛围摆到更重要的位置，在制度上、考核上、激励上研究探索更管用的办法，努力让想学习、会学习、善学习蔚然成风。团队有了爱学习的精神滋养，风气就会大不一样，干事状态和精气神就会大不一样。

二是要通过制度守真来激发勇毅，提升格局的宽度。面对新时代新要求，当前金融行业无论是文化建设还是服务能力都还存在不匹配的地方，"打猎"文化盛行，片面追求自身利益，以牌照为中心而非以客户为中心，由此带来了不少乱象。比如，金融服务"只能锦上添花，不能雪中送炭"、居民理财"基金赚钱、基民亏钱"、行业激励"市场化过度、动力来源单一"、部分金融从业人员"重利轻义、价值观缺失异化"等，说到底还是格局太小、狭隘、功利太多。制度是守护价值观的底线，一旦底线被突破，就会形成"破窗效应"，整个价值观都会被颠覆。要克服这些顽疾，必须形成奖"善"罚"恶"的良好制度环境，透过制度抓住金融的初心本源，把正行向善的文化理念嵌入金融服务的具体场景中，通过制度的力量来激发出金融人内心追求"善"的勇气,让利他主义、长期主义成为金融人的底色,遏制住追求狭隘、功利的冲动。

三是要通过生态养成来坚定向善,提升情怀的长度。跑得快不如跑得久,价值投资要做时间的朋友,企业发展也是如此。金融是"国之大者",金融机构要成为一个有使命感、有创新生态、受社会尊重、体现社会价值的企业。因为有使命感,金融机构能紧跟国家战略大局;因为有创新生态,优秀的金融员工都能发展提升;因为有社会价值,金融机构和员工都会感到光荣。要成为这样的金融机构,生态好不好就是最显眼的标志标识、最核心的评价标准、最根本的底层保障。要营造"崇优"的生态,给年轻人更多机会,给奋斗者更多机会,让想干事、能干事、干成事的优秀人才脱颖而出。要营造"和谐"的生态,从金融员工最关心、最迫切的身边小事着手,一点一滴地提升金融员工的归属感、获得感、幸福感,构建起血脉相连的一流环境。要营造"共赢"的生态。不断释放正能量、塑造正面形象,让客户、员工、监管机构、政府以及社会各界认同金融机构的文化内核,共享金融发展成果,形成共进共荣的生态圈。

以"正行向善"为内核的浙银文化实践

善是对企业的"雪中送炭",善是对社会的责任担当,善是对员工的贴心关怀。以浙商银行为例，以"浙银文化周"为崭新起点，提升"正行向善"文化内核，文化建设必将成为浙商银行高质量发展的强大底盘，以更大格局、更高使命、更深情怀，服务国家战略，助力经济高质量发展。

2023年8月18日，在成立十九周年的主题活动上，浙商银行迎来了以"善"贯穿的"浙银文化周"活动的高潮。通过举办一系列有意义、有特色、有影响的活动，不断释放正能量、提升正面形象，让政府、监管机构、客户、金融同业和投资者，感受到浙商银行的社会贡献和文化内核，认同浙商银行的价值，共享浙商银行的发展成果，形成共进共荣生态圈。将"浙银文化日"焕新升级为"浙银文化周"，体现的是对浙商银行发展、生态、文化最美好的向往，让全行员工做幸福生活的倡导者、践行者。

一是浙银文化生活全面开启。对内不断提升员工文化体验，通过"人文养心　善本金融"主题研学活动、"两优一先"表彰仪式、员工家属嘉年华、员工心理健康讲座等一系列活动，构建一流凝聚力，展示和谐家文化，使浙银人的文化生活更有仪式感、更具"书香味"。对外集中展示文化成果，举办"金融向善"研讨会、"浙银善标"发布活动，展示浙商银行在擎旗金融顾问、推进综合金融服务示范区建设、构建浙银善标体系等方面的探索和实践，向全社会宣示浙商银行坚持金融向善、推进善本金融的坚定信心决心，发出在金融为民、金融惠民道路上坚定前行的响亮号召。

二是浙银文化生态风清气正。深入贯彻"学思想、强党性、重实践、建新功"总要求，以"五对标五提升"深入开展学习贯彻习近平新时代中国特色社会主义思想主题教育，慎终如始地推动主题教育走向纵深，扎实做好问题整改，推动调研成果转化，开好专题民主生活会，真正把主题教育的成果转化为推动全行高质量发展的强大动力。积极构建以"正、简、专、协、廉"为核心的"五字生态"建设，以上率下深化打造党委把方向管大局做决策、经营班子心无旁骛抓经营、全行上下齐心协力破难题的良好生态。

"大学之道，在明明德，在亲民，在止于至善"，一个"善"字奠定了中华文化的重要根基。浙商银行以中国特色金融文化实践要求为核心，大力弘扬"正行向善"的文化理念，为金融系统注入传承传统、积极向上的文化基因，展现出中国式现代金融的独特理论和文化涵养。

第八章

ESG 治理体系与善本金融治理体系

中国特色金融理论的创新,需要中国特色金融治理实践的支撑,走出一条更符合我国国情、更丰富、更场景化的中国特色金融治理实践创新之路。现阶段国际公认的责任投资原则,是根植于西方经济社会理论及其治理实践,一方面,具有社会价值治理共通性;另一方面,也不可避免地存在一定的局限性。善本金融治理体系针对中国当前面临的金融问题和金融现象,建立以"善"为本的金融服务体系、风险管理体系和外部评级的助善机制,把金融的政治性、人民性和功能第一性作为金融治理的本质要求,将金融精准性、普惠性和可及性作为金融治理的核心目标,真正实现让中国金融治理以"金融论金融"走向"以社会论金融"。

ESG:现有国际责任投资原则

在联合国负责任投资原则组织的推动下,ESG理念已成为全球主流价值理念,也是一项重要的全球性金融共识。ESG即环境(Environment)、社会(Social)、治理(Governance),是一种责任投资原则，强调企业在环境保护、社会责任、企业治理等方面的综合管理，在此评价框架下投资者通过选择性投资来规避违法的投资标的，进而对企业发展的可持续性产生影响，因此也被称为可持续投资、道德投资和影响力投资。ESG评价体系的核心是鼓励企业在其追求利润最大化的过程中，将自身商业行为对环境和社会产生的负外部性尽可能"内部化"。这种外部性的"内部化"重新定义了企业与市场的边界，通过供给端产品和服务的改变，引发需求的变化，从而改变市场资源配置的最优边界条件。

ESG在金融体系中的运用，是帮助金融机构更好地管理环境和社会风险，实现可持续发展的有效路径。世界银行及国际金融公司制定的金融机构环境与可持续治理架构是以国际准则为主的ESG金融治理体系，为中国的金融治理提供了行之有效的参考路径。随着国际社会对可持续发展的关注不断增加，金融机构的经营目标须实现从"利润最大化"向"ESG价值最大化"转变，加强ESG金融治理成为必然趋势。

在金融加速开放以及创设中国特色金融理论之路的背景下，我国的金融治理不仅要充分吸收借鉴西方的优秀成果，同时也要积极发掘中华优秀传统文化精髓，建立既有中国特色又与国际接轨的金融治理体系。善本金融治理体系立足于我国国情，弘扬中华文化和特色，是与国际ESG治理体系相契合，又立足于中国式现代化发展的金融治理创新探索。

善本金融：中国特色金融理论目标导向下的责任投资原则实践创新

现行 ESG 理念发轫于西方，根植于特定的社会文化基础与宗教伦理背景，其治理标准主要基于欧美发达国家的状况和原则。从更本质的角度来分析，西方 ESG 治理理念将社会责任的履行认定为实现经济价值的有效途径，本质上仍是由投资和利益所驱动，是资本市场主体价值观的体现，以内生的投资价值实现为导向，重视对投资的风险管理而忽略整体社会价值创造。善本金融继承中国传统文化中"善"的基因，又立足于中国式现代化发展图景的本质要求，更强调金融的精准性、普惠性、可及性。把"善"的基因嵌入金融服务的场景中，建立起涵盖以善为本的金融服务体系、善本金融风险管理体系以及外部评级助善机制的闭环生态体系，是更符合我国国情、更丰富、更场景化的中国式金融治理实践探索，也对当前西方金融文化中重视财富追求、忽视道德约束的缺陷形成了很好的弥补。

相较于西方现行的 ESG 评价体系，善本金融治理体系呈现出以下鲜明的特点。

在评价标准上，善本金融更加关注社会价值

ESG 治理通过将多维度的社会责任纳入考量，以降低自身的经营风险，而善本金融的治理理念并不仅仅局限于主体自身的运营管理，更将视线投向更广阔的社会领域。在善本金融的治理体系中，金融不仅是经济发展的手段，更是社会治理的手段，是社会文明的标志。这一理念强调金融服务的公共属性，将金融视为推动社会进步和可持续发展的重要力量。从社会整体发展的角度看，金融业的风险实际上是金融自身经营与实体经济整体风险的统一。若只考虑金融自身的风险，就会出现金融"晴天撑伞、雨天收伞"这类现象。

另外，传统意义上金融的经营风险主要依据资产质量的标准化评价。但在善本金融的治理模式中，对风险的估计突破了资产本身，将对金融风险的把控从传统标准化的信用风险计量，转化为综合性的社会诚信考量。把社会价值注入企业的日常经营中，走出单纯以抵质押物多少对客户进行评判的窠臼，建立以向善为重要标准对客户进行多维度评判，把善的基因嵌入授信评审、客户管理中，综合考虑客户的道德品质、社会责任和商业伦理等方面，通过以善为本的金融风险管理，引导授信资源向"善"的客户上倾斜，放大善的主体和行为，陪伴正向正行的客户成长，打造整体社会生态向善。善本金融实现了从原有的以金融价值论金

融,走向以社会价值论金融,而这个社会价值正是符合中国式现代化发展的本质。

在金融服务对象上,善本金融更加关注弱势群体

善本金融理念更关注金融的普惠性和可及性,是不断增进民生福祉,让现代化建设成果更多更公平地惠及全体人民。在传统金融体系中,由于一些原因,如高门槛、信息不对称等,许多人被排斥在金融服务之外,无法享受到基本的金融服务。这种排斥现象不仅加剧了贫富分化,也制约了经济发展和社会进步。因此,善本金融理念强调普惠性和可及性,旨在打破这种排斥现象,让金融服务惠及更广泛的群体。为了实现这一目标,善本金融理念注重从多个方面入手,利用金融向善的力量,还原金融服务实体经济的本质。以客户为中心,不断创新善本金融服务模式,针对不同的客户提供融合善本金融理念的一揽子投融资解决方案;创新服务模式、优化产品设计,降低金融服务门槛,让更多的人能够享受到基本的金融服务;加强信息披露和透明度建设,降低信息不对称,增加客户对金融产品和服务的了解;开展全民金融教育,普及金融知识,实现社会整体金融意识的全面提升;加大对弱势群体的关注和扶持力度,如老年人、农村居民等,制定符合其需求的金融产品和服务。

在评价维度上，善本金融更加关注经济主体的正行向善

善本金融从金融供给侧和需求侧两个角度出发，致力于实现服务理念向善、专业人员从善、保障机制助善等多维度保障金融为实体经济提供可持续的"善"的服务。同时，通过搭建公益金融服务新平台，积极推动社会财富的可持续增长和社会福利的改善。

从金融供给侧改革的角度来看，善本金融注重服务理念、专业人员和保障机制等多方面的"善"，旨在确保金融为实体经济提供可持续的"善"的服务。在服务理念方面，善本金融始终坚持以人为本，关注客户需求，以诚信、专业、创新和可持续为核心价值观，为客户提供全方位、个性化的金融服务；在专业人员方面，善本金融注重培养员工的道德素养和职业操守，要求员工从内心深处秉承善念，为客户提供向善服务，以金融的力量撬动"善"的要素在社会中循环流动，提升社会整体向善意识；在保障机制方面，善本金融建立了一套完善的内部控制体系和风险防范机制，确保金融服务的合规性和安全性。

同时，从社会金融需求侧角度来看，善本金融积极响应社会需求，把善标嵌入金融服务的具体场景之中。一方面，善本金融致力于搭建公益金融服务新平台，推动公益慈善事业的发展。通过创新公益金融产品和服务模式，善本金融为社会各界提供更加

便捷、高效的公益捐赠和志愿服务支持。另一方面，善本金融关注数字变革中的社会价值，以善本原则审视金融科技的发展。通过科技手段推动金融服务的升级和变革，善本金融助力实现社会财富的可持续增长和社会福利的改善。

在风险管理层面，善本金融更加关注小微企业信用风险

在当前的 ESG 评估体系中，主要关注的对象是大型企业，其中以上市公司为主。上市公司有义务公开透明地披露 ESG 信息，这些信息不仅有助于投资者全面了解企业的可持续发展状况，还能为投资者提供决策依据。然而，小微企业在 ESG 治理方面面临诸多挑战，其披露和评级机制尚不完善。这不仅限制了投资者对这些企业的了解，也制约了这些企业乃至社会整体 ESG 治理的发展。

善本金融通过建立善本信用评级机制，将金融机构联通对接的企业和客户纳入评级体系，建立起正面、负面的评级清单。这一机制不仅覆盖了小微企业，甚至延伸至个人层面，此举有助于提升社会整体治理生态，推动更多主体关注和参与到责任投资中来。此外，善本金融还利用金融的资源配置功能，选择具有良好信用的客户并陪伴其成长。将善本金融理念全面融入风险管理与业务发展中，实现以善本为核心的"事前—事中—事后"风险有效管控，服务善的企业（个人），引导企业（个人）向善，这不

仅有助于提升金融机构的风险管理能力，还能促进社会整体治理水平的提升。善本金融的这一实践为小微企业社会治理完善提供了有益的借鉴，有望引领更多企业和机构参与到金融治理的实践中来。

在运行机制上，善本金融更加关注综合金融生态建设

善本金融以可持续发展的理念为主导，致力于构建一个由银行、证券、保险、政府、企业、第三方中介机构共同参与和协同共治的体系，旨在实现银行自身治理，并对外赋能，有效弥补传统金融治理的缺陷，提高金融治理的效率和效果，建立良好的金融生态。在这个金融生态中，每个主体都是不可或缺的部分，各方资源有效整合，形成一个互利共赢的金融生态圈，共同提升金融的服务能力。

金融机构、实体企业以及第三方中介机构之间相互信任、相互赋能。其中银行发挥其在资金、风控等方面的专业优势，建立自身向善和服务向善的基本原则，为生态圈内的企业提供优质的金融服务；政府则通过政策引导和支持，加大信息披露机制的力度，为金融生态的发展创造良好的外部环境；企业在这个生态中不断实现自身的绿色转型和技术产能升级，提升自我的社会责任履行，实现自身的可持续发展；第三方中介机构通过以"善"为导向的评级标准，平衡金融机构的功能性和营利性，突破传统对于金融机构的评价以自身的经营绩效和风险把控为主导的局面，不断优化金融机构评级机制，基于金融机构对实体经济的服务功能，建立以向善的服务效能为导向的评价机制，注重金融机构政治性、人民性以及功能性的践行，从而保障这个生态系统的良性循环可持续。

在目标导向上，善本金融更加关注对接国家发展战略

善本金融治理体系的构建围绕中国式现代化的本质要求展开，坚持党的领导，以提高改善民生、满足人民对美好生活的向往为出发点，强调人与自然和谐统一、物质文明和精神文明的根本协调。以善本为核心，提升大局担当站位，健全善本金融战略管理体系，使得经营发展理念与善本金融战略统一，为实现中国式现代化的高质量发展贡献金融力量，努力服务好科技金融、绿色金融、普惠金融、养老金融、数字金融五篇大文章。例如服务传统产业升级，推动转型创新，支持战略性新兴产业，服务科创企业发展等；支持国家战略，推动共同富裕，助力乡村振兴，服务实体经济，践行普惠金融，防范金融风险。此外，在绿色金融方面，善本金融治理重视根据中国的实际情况，寻求实际的解决策略，以实现社会整体价值为根本，致力于解决污染防治和生态可持续发展等问题。在实践中，坚持绿色价值理念，关注碳达峰和碳中和的目标，助力产业的绿色转型，制定绿色金融发展战

略，积极发展绿色信贷、绿色债券、绿色投资等金融业务，为社会的绿色可持续发展提供金融支持。

善本金融治理体系发展趋势的思考

善本金融治理体系不仅关注金融机构自身的治理，更强调金融活动的可持续发展和社会价值的最大化，以期通过善本金融治理体系，从金融治理向善走向社会整体向善的更和谐的发展形态。

从公司治理到社会治理

金融不仅仅是推动经济发展的工具，更是一种重要的社会治理工具，是衡量社会文明进步的重要标准。我们不能仅从金融自身的角度来审视整个金融治理体系，而应该更加注重金融的社会治理价值，将金融与整个社会紧密结合，实现从金融机构内部管理到整个社会维度的全面治理。

1. 从公司治理到客户治理

从公司自身治理向善，通过服务向善，过渡到客户向善。善本金融治理体系中不是仅关注公司自身的治理，而是强调以客户为中心,将"善"的理念深植于公司自身对客户的服务中。在金融机构自身治理方面,提升金融机构治理向善、专业人员从善理念,以服务为主责,树立行业以善为本的服务理念,提升金融服务的品质,为客户提供专业、综合的金融服务。在推动客户治理方面,一方面,实现金融机构对客户的以善为本的管理,选择善的客户、陪伴善的客户,将"善"的标准嵌入授信评审、客户管理中,建立以善为本的风险管理体系,这不仅有利于降低金融风险,还能搭建起金融机构和客户之间稳固的信任桥梁。另一方面,企业家不仅是创造财富的经济主体,更是促进和谐发展的社会主体,善本金融通过助力企业家善行,推动企业家向善,实现企业家自身社会价值。

2. 从公司治理到政府治理

从自身营利转变为为政府提供专业金融服务。善本金融治理体系构建了政、企、银三方联动的综合生态,以金融机构的专业能力和金融实践,为政府决策提供科学依据,有助于政府经济、金融政策的规划和制定,有助于促进金融市场的稳健发展,增强金融系统的稳定性和抗风险能力。如在临平综合金融服务示范区内,金融顾问为政府、企业和居民合理运用金融工具、优化融资结构、防范金融风险等提供服务,可以改善区域内的经济金融环境,助力构建相互促进、长期依存、共同发展的经济金融生态。从自身的治理维度转换成为政府提供专业金融咨询的服务维度,努力推动形成良好的社会治理机制，促进金融行业与社会经济的和谐发展，积极为政府投融资平台提供专业的金融咨询服务，以提高金融服务的专业性和针对性，助力地方政府融资平台实现稳健发展，为构建更加和谐、健康的金融生态做出更大的贡献。

从个体治理到群体治理

1. 从单个金融机构治理到多个金融机构治理

作为现代经济的核心，金融行业在服务社会、促进实体经济发展方面具有举足轻重的地位。善本金融的理念，即以诚信、公正、透明为基石，以服务社会、服务实体经济为导向，为金融行业的发展指明了新的方向。除了行业内部的规范和自律，金融行业还须加强与其他行业的综合合作治理。例如浙商金融服务委员会目前共有104家成员单位，为企业提供"1+N"的综合公益金融服务，通过金融顾问这个"1"，连接起背后"N"种金融资源和力量，实现推动金融以牌照为限制的专项服务向以客户为中心的综合服务转变，实现多行业的综合治理。

2. 从单一类型个体治理到多类型群体治理

善本金融强调用金融的理念、金融的工具，通过激发各类群体的内在向善力量，建立以个体与群体关联为基础、以实现社会整体价值为核心的治理体系，从而更有效地解决社会问题，推动社会进步，促进社会和谐。例如 2023 年 11 月于杭州成立的"善行资本公益联盟"是全国首个非营利、公益性慈善金融综合服务平台，联合了基金会、智库、协会、媒体、金融机构和企业，建立跨界破圈、多元拓展的慈善金融综合体，通过"金融＋慈善"的模式，构建促进资本向善、财富升维的慈善体系。在善本金融的治理体系中，通过多元群体的共同推动，能够将单一类型的个体治理升级为社会各界群体的自发参与和治理，从而在社会中形成正行正向的良好氛围，推动社会资本和财富向善的方向流动。

附录 1

善本金融：社会价值视角下的金融范式变革[①]

金融作为"国之大者"，其政治性和人民性集中体现在社会价值上，不能单纯以经济价值为考量，必须从社会价值视角重新审视自身的定位和功能。本文提出"善本金融"，是从社会价值向度推进金融供给侧改革，推动金融回归本源、确立服务功能第一性，把"善"的基因嵌入金融服务的场景中，构建以客户为中心的"抑恶扬善"评价体系，营造金融向善与客户崇善同向同行的发展氛围，形成金融服务中国式现代化新范式。

问题提出：初心回归、功能矫正、使命提升

我们提出善本金融，不是一种简单的伦理倡导，而是基于金融发展史、现代金融本质内涵、中国式现代化要求，而对金融理

---

① 本文作者陆建强，原载于《中国金融》2023 年第 15 期，有删改。

论的一次创新探索，以期通过金融服务以善为本的社会价值向度校正初心使命，推动功能回归和使命提升。

金融回归本源、确立服务功能第一性，是善本金融提出的学理基础

探究金融的本质，离不开对金融发展史的反思。现代金融是现代经济发展的工具，是资本追求利润最大化的助推器，其本身也伴随着资本的发展而发展。资本的发展大致可以分为商业资本、产业资本、金融资本等阶段，与此相应，金融也经历了从"信贷"到"信用"再到金融资本的发展历程。在商业资本阶段，资本利用"信贷"工具克服财富的地理限制，形成早期的信贷制度和金融体系，最重要的功能就是把大量闲散资金积聚成为雄厚的商业资本，通过商业贸易甚至暴力掠夺获得更多财富。在产业资本阶段，资本利用"信用"工具克服了资本总量和价值增值的限制，通过在时间上对商品的出售和货款的回收进行分离，"信用"随之产生，其本质是对社会资本的集中与再分配，从而赋予产业资本家在一定界限内支配他人资本、财产和劳动的权利，但信用过度使用会导致无序竞争和生产过剩。在金融资本阶段，随着投资银行、对冲基金、货币市场基金、债券、保险公司、结构性投资工具等的兴盛，金融资本通过银行贷款证券化实现了信用的无限扩张，产业资本的运行逻辑逐渐被金融思维所主导，其资本扩张不再取决于产业的自身循环，而是取决于融资能力。由此，金融在实体经济之外打造出一个相对独立的虚拟经济体系。这一体系会因过度使用"影子银行"导致真实的经济运行被金融"架空"，从而埋下金融危机的隐患。

结合实体经济和金融的发展我们可以看到，金融发展的历史在一定意义上说，是一部逐步从实体经济中不断分化的历史，也是一部由从属于实体经济不断走向主导、控制实体经济的历史。从社会发展视角不难发现，金融一开始就具备服务实体经济的功能性和自身作为产业的营利性（产业性）双重特性，随着现代经济的发展，其营利性不断强化，逐步成为控制、主导实体经济发展的强大力量。哲学上有第一性第二性的概念，第一性是根源、是基础，具有先天性，第二性是派生、是衍生，具有后发性。以此看金融发展的历史，金融服务功能是第一性的，营利性是第二性的。从这个意义上讲，以西方为代表的现代金融发展史是金融服务功能第一性不断迷失的过程，最突出的表现就是"华尔街现象"。金融回归初心、回归本源，正是现代金融理论需要反思和重构的地方，确立金融服务实体经济功能第一性，就确立了金融评价的社会价值视角，也就有了金融向善、善本金融的发轫。

以"善本"原则导正金融放大功能，是善本金融的根本遵循

现代经济发展中出现的突出问题，大多能在金融里面找到根由或踪迹，而且往往是没有坚持金融以善为本的结果。在西方，金融资本成为控制社会和收割财富的工具，引发了一系列经济动荡、金融危机。在我国，也存在个别逐利性驱动下的资本无序扩张，资本控制金融牌照或利用金融手段实施不当竞争、高度杠杆、信息垄断、监管套利，在部分实体经济领域巧取豪夺，甚至在一些涉及国计民生的重要领域利用复杂资本结构实施经营垄断、数据垄断，给国家金融安全和经济社会稳定带来了重大隐患。

资本无序扩张的背后是金融"助纣为虐"，偏离了社会价值考量维度，究其根源在于金融服务的立场出了问题。金融作为现代工具，从其本身的属性来看是中性的，但金融服务的对象有善恶，尤其是金融先天具有放大功能，服务善的主体就是放大了正的能量，服务恶的主体就是放大了恶的危害。因此，金融必须确立起"善本"的原则，认真考量金融应当为哪些群体服务、金融资源应当投放到哪些领域、金融专业工具应当鼓励和赋能哪些经济行为。我们提出"善本金融"，就是要把"善"作为金融服务的基因，服务于善的主体、善的领域、善的行为，以金融供给侧结构性改革为根本要求，降低社会融资成本、提升资源配置效率、提高人民金融素养，实现中国特色金融的高质量发展。

践行金融政治性、人民性，是善本金融范式重构的核心要义

坚持以人民为中心的金融发展观，必须坚持党中央对金融工作的集中统一领导。"以人民为中心"不是抽象的概念，不能只停留在喊口号上，要触及深处，落实到行动。历史证明，评判金融工作的好坏,要看是否有利于广大人民的利益,是否有效支持实体经济发展。金融工作"新三性"要求是在探索中国特色金融发展之路中形成的,为中国式现代化提供了强大的价值根基。

金融的政治性要求坚持党的领导,坚决防止金融资本控制社会。新一轮金融监管体制改革的核心内容是强化党中央对金融工作的集中统一领导,代表人民根本利益对金融工作把关定向,这是金融第一位的"善"。坚持党的领导,意味着金融要以服务国家中心大局和实体经济为根本目标,为有责任担当的好企业服务赋能,坚决摒弃西方的华尔街金融之路,避免成为资本"收割韭菜"、控制社会的工具。

金融的人民性要求增进民生福祉,突出金融的基础性、保障性功能。最本质的是树立以人民为中心的价值取向,这必然要求金融突出基础性、保障性功能,回归到助力共同富裕、增进民生福祉的定位。重点是建立健全满足各个层次特别是中老年龄、中低收入、中低受教育人群的财富产品和服务体系,完善面向小微企业的高效融资体系,搭建线上线下的金融服务体系,还要提高人民的金融风险防范意识和能力,实现基础性、保障性金融服务无处不在、无时不有。

范式升维:从金融向善到善本金融的逻辑

所谓从"金融向善"到"善本金融",是将金融服务"善"

的认识由叶到根、由表到里、由形到神；在金融服务中从"向善"的主观意识和积极行为升华为"善本"的自觉意识和自在行为，从抽象的思维认识走到具体的金融服务场景里形成一系列生动实践，推动善本金融实现理论和实践上的突破。

规制资本无序扩张，引导"资本向善"

经济是肌体，金融是血脉，两者共生共荣。改革开放以来，中国金融体系帮助创造了中国"经济奇迹"，但近年金融脱离实体经济，逐步走到与其博弈甚至争利的局面。一方面，实体经济结构性困境长期积累，在转型发展的道路上艰难地爬坡过坎；另一方面，金融体系存在个别扭曲和错位，结构性套利助推资本无序扩张。这一困局的症结在于金融和实体经济之间的循环流转通道出现了梗阻，金融没有流向实体，反而在投机性领域自我循环。这个问题直接反映在金融机构所服务的客户上，部分企业和金融机构以产融结合为名，行资本扩张之实，甚至进行监管规避和监管套利，形成了异化的金融资本，各种新型金融杠杆和金融衍生品成为资本快速扩张的利器，这在前些年的房地产、互联网领域表现得尤其明显。

2021年中央经济工作会议明确要求正确认识和把握资本的特性和行为规律，为资本设置"红绿灯"，直击资本无序扩张的乱象。要实现这一目标，必须构建规制扩张冲动的制度体系，让资本在明确的边界内有序流转。但法律制度是底线，是一种

"下限式"的规定,而且具有一定的滞后性,仅仅守住法律底线依旧挡不住"门口的野蛮人"来敲门甚至登堂入室。因此,要透过制度抓住金融的初心本源,把严守制度的底线要求转化为向善的价值追求,嵌入金融服务的具体场景。尤其是要把握好金融机构所服务的客户,不能简单以经营指标、资产规模等技术性指标来衡量,而要对企业和企业家的行为进行可量化可评估的价值分析,并配套以相应的资源投入和风险包容度,进而构建"扬善抑恶"的客户评价和服务体系,把资本引流到真正"向善"的客户中。

规范财富积累机制,引导"财富向善"

国之称富者,在乎民丰。财富的创造和分配是世界各国都在面对的重大问题,关乎国民福祉升降、贫富差距扩减乃至阶层固化或流动。中国金融发展的小逻辑内嵌于中国经济发展的大逻辑之中,在服务发展与转型的双重任务中,形成"金融压抑与金融赶超并存"的局面。前者是"不及",信贷歧视,金融排斥,普而不惠,最需要金融服务的群体反而得不到服务;后者是"过度",供需错配,结构嵌套,盲目追求高收益,各种复杂产品烟花乱坠迷人眼。这种扭曲成为导致财富分配不均的重要因素,与共同富裕背道而驰,改革开放以来,我国从几乎没有个人财产到个人财产的高速积累与显著分化,分配不均更是带来社会不公、阶层固化等深层次问题。党的二十大报告首提"规范财富积累机制"，充分彰显了以人民为中心的发展思想，蕴含其中的就是对善的社会的追求。国内外实证研究表明，金融对共同富裕具有"二重性"，不仅促进财富增长，也会加剧财富分化。从一定意义上说，市场经济的竞争机制必然导致财富在不同群体之间的不均衡分配。因此，共同富裕绝不是均贫富，而是要体现公平合理，让社会发展成果惠及各群体，防止社会撕裂。金融促进共同富裕的基本逻辑，是通过规范财富积累机制驾驭"二重性"，以善为本"扬其利束其弊"。对金融机构来说，一是要提供风险收益相匹配的财富产品，帮助进行资产配置，提高财产性收入；二是要通过投资者教育等提高全社会的理财意识和能力，防范金融风险，打击金融诈骗等行为，营造正向的财富生态；三是要加强第三次分配的制度探索，形成财富分化的鸿沟消弭机制，特别是在如何帮助企业家自主可控做慈善上，有很大的创新空间。

把握守正与创新的边界，引导"科技向善"

技术革新引发的数字化浪潮，改变了经济发展的形态，带来了资本的平台化和数智化金融新时代。资本利用平台公司颠覆了传统经济模式，更关注用户之间的社会连接，进行社会关系的再生产，推进了金融服务模式的全新变化。一方面，平台资本的用户思维和数据思维很容易走向一种典型的垄断逻辑，形成一个赢家通吃的寡占市场，其效率提升的同时也容易带来社会资源配置的不均衡和社会分配的两极化。另一方面，数字技术、人工智能的推进，带来了服务的精准性，过去很难支撑的普惠金融得以高效实现；产业生态的精准分析使得链式金融成为可能，结合资产及经济行为的价值化从而改变以往靠抵押担保的金融服务模式，成为金融供给侧改革和推动产业升级的重要抓手。

数字普惠金融和以链式金融为代表的产业数字金融，为解决"金融排斥"提供了新思路，也是未来金融竞争的制高点。但这其中，同样存在着"两重性"的把握，需要从社会价值视角审视数字技术变革中金融创新的"善本"原则。资本的平台化和资本的金融化是一个过程的两个方面，前者是以"赢者通吃"为特征的平台经济，后者是利用资本市场工具加大杠杆、扩张信用。这里面，尤其需要金融机构在贯彻"善本"原则中实现有效约束，正如自由竞争要防范垄断一样，包括金融在内的各种要素都应该在其中发挥正行正向的作用。平台化数智化时代为"善本金融"开辟了广阔的舞台，也向"善本金融"提出了全新的课题。保障资源的均衡性、保障生态中的共富逻辑，全面提升普惠金融、绿色金融、共富金融的质量和水平都是平台化数智化时代"善本金融"的着力方向。

探索实践：四大向度构建善本金融生态

浙江是市场经济的热土，也是金融沃土，当前正处于奋力推进"两个先行"的新征程上,特别需要汇聚和激发各类资源尤其是向善的金融力量。目前正从理念、队伍、对象、机制四大向度推进探索创新,一体构建善本金融生态。

推动服务理念向善,深化企业文化建设,营造正向正行的良好生态

服务理念是回答我们为什么服务、为谁服务、如何服务的问题。这些年,不少金融机构把市场激励作为主要的甚至是唯一的动力来源,忽视了社会价值的内在激励,导致功利主义蔓延。雅思贝尔斯说:"物质的本质是重量,精神的实质是自由。"自由需要一定的物质,但超过一定重量之后,物质越多,自由越少。正所谓为养其小而失其大。追求服务理念向善,要求金融机构站位要高、格局要大、情怀要深,弘扬善的文化、鼓励善的行为、传递善的温度,将潜意识底层的性善,提升至不学而能的"良能"状态,唤醒内在向善的力量,做到发自内心地追求向善。2022年以来,浙商银行全面启动文化建设工程,践行"正、简、专、协、廉"五字政治生态,确立"敬畏、感恩、诚信、责任"共同价值观,从中国优秀传统文化中汲取善的能量。在公益之心、奉献之心、协同之心的引领下,推行"员工善行"计划,在"一行一校"、社会化拥军等各方面承担社会责任,形成了正向正行的价值取向和干事生态。

推动专业人员从善,探索金融顾问制度和区域综合金融服务示范区,打造金融供给侧改革的示范样本

金融服务队伍从善是善本金融的关键枢纽。目前部分金融专业人员存在"金融精英论""行业特殊性"等错误论调,以及在这些思想驱使下出现的"打猎"而不是"种田"、"雨天收伞"而不是"雪中送炭"等行为。聚焦如何推动专业人士从牌照中走出来去服务量大面广的中小微企业,浙江省从2018年开始就成立了金融服务委员会,全国首创金融顾问制度,参照"法律顾问""家庭医生",定位在当好企业的金融家庭医生、政府的金融子弟兵和居民的金融理财咨询师,通过构建"1+N"服务模式(1个金融顾问连接N个机构资源),努力实现两大转变:一是从"以牌照为中心"的专项服务转到"以客户为中心"的综合服务;二是从注重融资转到融资和融智并重的全方位服务。这项制度是金融供给侧改革的重要创新,目前建立了省市县三级机制,有3 500多人开展公益性服务,为5.72万家企业提供融资4 500亿元,在北京、上海、山东等10多个省市借鉴推广。同时,县域是中小微企业和基层群众聚集的特定区域,因此在县域里开展制度创新不但有理论价值,而且特别有现实意义。尤其是在数字化浪潮下,可以通过数字化工具、投资者教育等,推动实现企业运营成本下降、政府平台优化提升、区域金融生态全面升级。目前浙江正在杭州市临平区开展综合金融服务示范区试点。

推动服务对象为善，探索客户向善标准和助力企业家向善机制，构建社会价值视角下的模式创新

服务对象崇善，要求金融机构必须清醒认识金融牌照不仅是国家许可，更是一份重要的政治责任。一方面要帮善不帮恶，陪伴有责任心、有社会担当的企业成长，不做资本无序扩张的帮凶、不做资金空转套利的帮手。浙商银行正在打造"浙银善标"体系，走出单纯以抵质押物多少对客户进行评判的窠臼，而是以向善为重要标准对客户进行多维度评判，梳理形成应当服务到的客户清单，从资源、成本、容忍度等各方面给予匹配。另一方面要研究金融参与第三次分配的公益金融服务新模式，针对企业家参与慈善有顾虑的问题，搭建公益金融服务新平台，帮助企业家自主可控参与慈善事业、提升社会价值、实现财富升维，同时让企业家参与到基层治理中去，成为社会管理的参与者和优秀文化的传承者，以金融机构个体之善推而广之实现全社会之善。

推动保障机制助善，完善考核激励和资源配置，形成赋能向善的评价反馈体系

正向的评价反馈是推动善本金融的重要保障。虽然金融领域引入 ESG 等丰富了原有的评价维度、2021 年财政部印发的《商业银行绩效评价办法》新增了"服务国家发展目标和实体经济"和"发展质量"两个评价维度，但总体上对金融机构的考核仍以规模、利润等业务指标为主,更多聚焦在经济价值上。推动善本金融必须从金融的社会价值出发,从业务盈利的导向转变为金融功能属性发挥成效的导向。浙商银行从内部绩效考核入手,研究探索体现向善的考核体系,从服务国家战略、服务实体经济、推进公益金融、ESG评价等多个维度进行全方位的科学评判,加大对小微普惠、绿色金融、先进制造业投入的考核权重。同时,建立善本金融的资源配置体系,把更多信贷资源倾斜到"善"的客户、业务、产品和生态,对小微普惠、双碳金融、科创金融、智能制造等安排专项资源予以支持。

附录2

共同富裕的价值内核与金融创新支持路径[①]

共同富裕是社会主义的本质要求，是中国式现代化的重要特征。浙江省在第十五次党代会上提出共同富裕先行和省域现代化先行，进一步推动高质量发展建设共同富裕示范区。金融作为资源配置的手段，必将在推进共同富裕的过程中发挥重要的作用。本文对共同富裕的价值内核进行了探讨，并对金融如何支持共同富裕提出了五大创新建议。

共同富裕的两大价值内核

2021年中央财经委员会第十次会议提出："共同富裕是全体人民的共同富裕，是人民群众物质生活和精神生活都富裕，不是少数人的富裕，也不是整齐划一的平均主义。"结合《浙江高质

---

① 本文作者陆建强，原文载于《中国银行业》2022年第9期，有删改。

量发展建设共同富裕示范区实施方案》，我们可以认为**共同富裕有两大价值内核：一是均衡性发展，二是共享型生态**。所谓均衡性发展，指的是统筹兼顾每个社会群体的发展，是社会差距较小的发展，是结构优化的发展，主要解决发展带来的社会分化和撕裂问题。所谓共享型生态，指的是构建一个全体人民共建共治、互助互利的社会生态，构建一个和谐的、帮扶的、全面发展的社会生态，构建一个物质文明和精神文明共同进步的社会生态。

均衡性发展是共同富裕建设的基本路径

发展有两大向度，一是发展的充不充分，二是发展的均不均衡。解决发展的不充分问题是基础，但**实现共同富裕的重点在于解决发展的不均衡问题**。"差距"在某种程度上是效率之源，是以竞争为动力的市场经济的必然，但从社会发展的角度看，差距须在一定限度之内，否则将导致不同利益主体间的撕裂、对抗等。所以，**共同富裕并不是消灭差距，也不是简单缩小差距，而是要解决因包括差距过大等多种因素带来的社会分化、矛盾激化、社会撕裂问题**。

根据瑞信发布的《2021年全球财富报告》，财富基尼系数小于0.7为贫富差距较小，大于0.8为贫富差距较大。中国财富基尼系数从2000年的0.599上升至2015年的0.711，随后有所缓和，2020年为0.704。根据《中国统计年鉴》数据，2013—2019

年各年度，收入后20%群体的人均可支配收入不到收入前20%群体人均的1/10，而且该比例长期基本不变，并无明显缩小态势。因此，**我国发展的不均衡问题仍然突出，具体体现在区域差别、城乡差别和行业差别。一是东西部收入仍有相当大的差距。**2020年，我国东部五省（市），即上海、江苏、浙江、福建和广东的人均GDP达到10.5万元，西部六省（自治区），即新疆、内蒙古、青海、甘肃、宁夏和西藏的人均GDP为5.3万元，虽在西部大开发带动下差距大幅缩小，但前者仍为后者的2倍左右，其中东部最富的上海（人均GDP 15.9万元）是西部最落后的甘肃（人均GDP 3.4万元）的近5倍。**二是城乡居民收入的相对差距略有缩小，但绝对差距仍在增大，仍处于高度不均衡的区间。**2010—2020年我国城乡居民人均可支配收入比从3∶1下降至2.6∶1，但绝对差距从12 507元上升至26 702元。**三是行业差距长期存在。**由于市场经济发展成熟度不同，行业垄断、行业壁垒和政府调节等因素造成了行业收入差距。

法国经济学家皮凯蒂对过去300年来欧美国家的财富收入做了详尽分析，发现资本收益率高于经济增长率是资本主义制度的一条法则，导致社会财富和收入差距持续扩大。共同富裕是中国特色社会主义制度优越性的集中体现，是对西方现代化和福利社会的一种超越。所以，共同富裕这个事业在世界范围内没有"作业"可以抄，没有"石头"可以摸，完全要靠中国人自己去探索。

共享型生态是共同富裕建设的基本保障

共同富裕不仅是经济发展问题,更是社会发展问题。共同富裕不仅要解决物质生活富裕,更要注重精神文化富裕和人的全面发展。**社会发展成果共享、社会各阶层和谐是共同富裕社会价值的应有之义。**浙江省构建共同富裕示范区首先就应做好社会课题研究,解决好包括医疗、教育、养老等在内的痛点问题,以构建共富区为契机推进和谐社会建设。因此,**共享型生态包括公共服务的均等化、社会建设的共创共享、社会生活的互助和谐等多个层面。**

共同富裕要求构建第一、二、三次分配协调配套的制度安排。第一次分配主要体现的是市场效率,第二次分配主要实现的是社会资源的共有、社会成果的共享,第三次分配主要是在互助层面实现社会帮扶以及和谐共处。第三次分配对促进共同富裕的作用,并不是强迫高收入者"均贫富",而是要借助社会机制主导的制度安排,推进企业家对实现社会价值的主动追求,以道德和文化引导社会财富"升维发展",让共同富裕更有质量、更有温度。因此市场经济可能导致绝对差距拉大,但这与实现共同富裕的目标并不矛盾,共同富裕是要通过政治建设、社会建设、文化建设、价值观建设等解决社会的分化撕裂问题,提高发展的协调性、包容性,形成共享互助的社会生态,绘就现代版的"富春山居图"。

金融支持共同富裕建设的两大重点维度

金融业在创造财富、分配财富方面均是重要主体，是推动实现共同富裕的主力军。金融机构不能只是在共同富裕建设中寻找发展机会，而是应当寻找自身责任，不应当只是依照惯性逻辑推进，必须做出改革创新探索，重点围绕均衡性发展和共享型生态两个方面来发力。

金融应该思考如何在解决发展不均衡性问题上破题

发展的不均衡归根到底体现在社会资源配置的不均衡。金融作为重点的资源，其配置的均衡性是实现共同富裕的关键因素。20世纪90年代，理论界对于金融发展的分配效应开始得到关注。金融有助于缓解不平等的理论机制在于，信贷可获得性的提高允许更多群体可以基于支出做出合理安排，而不受继承财富的影响。但从实践来看，尤其是依据华尔街的金融制度和管理经验，金融机构长期以来遵从"二八定律"，即服务金字塔头部20%的客户以获得80%的收益，如此导致金融机构对非头部客户尤其是尾部客户不够重视，配置资源极其不均衡。2008年国际金融危机发生后，关于金融对分配效应的负面影响研究受到更多关注，金融压抑和过度金融成为金融资源不均衡的两大症结。

党的十八大以来，以人民为中心的发展思想为我国的金融工作指明了新的发展方向，优化金融资源配置已成为金融支持共同富裕的重要内容。以共同富裕为价值导向，金融资源均衡化包括以下三大致力方向：一是金融要重点关注小微企业、乡村振兴等薄弱领域，重点服务与学校、医疗等公共服务建设相关的民生经济；二是财富管理业务要从倾向于服务高净值客户转向更多地服务中低收入群体，探索促进"扩中提低"的金融方案，探索助力缩小"三大差距"的金融方案；三是要积极研究金融参与第三次分配的实践创新，探索公益金融服务新模式，实现对资源和财富的优化分配。

金融应该思考如何在建设共享型生态中积极作为

共享互助生态要求金融回归初心，发挥基础保障作用。金融具有功能性和产业性双重特征。将服务实体经济的功能性作为第一性，将追求盈利的产业性作为第二性，这是金融作为"国之大者"的责任和使命。一方面，金融要提供更多的公共服务，发挥为实体经济服务的功能性、基础性、保障性、公益性的作用，充分支持经济社会发展。另一方面，金融要从基础制度层面进行优化和改革，向实体经济让利，降低实体经济运行成本，形成共享互助、互利共赢的生态。正如诺贝尔经济学奖获得者罗伯特·希勒在《金融与好的社会》一书中指出的，"金融有充足的潜力为我们塑造一个更加公平、公正的世界"。

共享互助生态要求金融去中心化、普惠化、场景化创新。去中心化金融是指不完全依赖中心机构提供金融服务,给予各市场主体同等地位并提高金融系统的透明度,构建一个成本更低、自主性更高、价格发现功能更强的金融生态。普惠化金融是指让金融的有效供给覆盖三农、小微、科创等领域,建立"雪中送炭"式的融资支持,促进资源配置更加合理公平。场景化金融是指以客户为中心,将金融服务渗透至各类生产、消费场景,精准对接金融需求,帮助客户降低风险、降低成本、提高效率。推动去中心化、普惠化、场景化金融是将金融产业发展与社会责任履行相结合,构建健康良好的行业生态圈,实现各方主体的互助共享。同时,**数字化为金融助力共享生态建设带来历史契机。**数字技术正以新理念、新业态、新模式全面融入人类经济、政治、文化、社会、生态文明建设各领域和全过程,给人类生产生活带来广泛而深刻的影响。与传统金融相比,数字化金融的本质是以数据和技术为核心驱动力,重构金融服务供给场景,提高金融服务便捷性,降低金融服务成本,使金融服务的可获得性大幅提升。未来,"无数据不金融、无技术不金融、无场景不金融"将成为必然。数字化改革也将给共同富裕建设带来巨大动能,尤其是数字金融与普惠金融的组合能够通过互联互通、资源共享的方式有效缓解信息不对称问题,对量大面广的中小微企业精准画像,实现信贷产品的精准对接,从而形成数字化的共享互助生态。

五大实践创新方向助力共同富裕先行

在推动共同富裕的背景下，金融机构应重点发展供应链金融、普惠金融、科创金融、绿色金融和公益金融五大实践创新，提高经济社会发展的均衡性，构建共享型的发展生态。

聚焦供应链金融创新，助力产业链大中小企业协同发展

供应链金融围绕行业或产业中的核心企业，整合产业链上下游的资金流、物流、信息流等，通过将金融服务融入企业生产经营场景，为产业链供应链核心企业及其整个产业链上下游提供定制化、一体化、综合化的服务方案。在这个过程中，银行等金融机构通过对核心企业、龙头企业的赋能，将核心企业的良好信用加持到处于弱势地位的上下游中小微企业，实现金融服务精准滴灌，实现大中小企业协同发展并缩小差距，这本身就是共同富裕理念的体现。同时，供应链金融可以优化产业链供应链的金融生态，降低整体融资成本，提升产业链供应链的稳定性和竞争力，并将链条上的所有企业连成一条增值链，创造更多经济收益，形成共享型生态。如浙商银行聚焦浙江省十大标志性产业链，创新供应链金融服务模式，综合"技术中介、服务中介、信用中介、融资中介"等职能为产业链赋能，目前已在医药、粮食、仓储物流、汽车、家电、金属加工、养殖等30多个行业形成特色化、差异化的解决方案。

深化普惠金融创新，提升小微企业融资获得感

长期以来，金融服务在一些领域供给不足，其中最突出的领域就是普惠金融。在传统授信模式下，银行开展普惠金融面临信息获取难、风险控制难、服务成本高、规模效益不划算等问题，普惠金融发展缓慢。近年来，随着国家对普惠金融政策支持力度的不断加大以及数字化的发展，普惠金融取得了长足进步。特别值得关注的是，一些领先银行和互联网公司运用数字化技术进行信用风险管理，创新普惠金融服务模式，提升金融资源的可获得性、可接触性与支付便利度，覆盖传统普惠金融服务难以触及的长尾市场，打通金融服务最后一公里。在长尾客户服务过程中，金融活水源源不断流入小微企业及弱势群体，普惠金融风险管理水平也随之提升，实现了金融机构和企业的"双赢"。如台州银行、泰隆银行从成立起就始终坚持小微业务定位，主要聚焦于户均贷款几十万元的客户，不仅效益良好，同时不良率也低于同业平均水平。在推进共同富裕背景下，金融机构要不断提升普惠金融服务能力，构建"敢贷、愿贷、能贷、会贷"长效机制，发展以数字化引领普惠金融发展新模式，进一步深化对普惠金融的风险认识和管理能力，通过普惠金融赋能来增强小微企业信心，增加中低收入等弱势群体的就业机会和收入水平。

推进科创金融创新，助推产业转型升级

科技是第一生产力，创新是引领发展的第一动力。党的十八大以来，党中央全面实施创新驱动发展战略，建设科技强国。当前中国经济已经来到新旧动能转换的关键时期，科创企业的发展也成为经济转型升级的关键因素，在推动经济高质量发展助力共同富裕中发挥了重要作用。与传统企业相比，科创企业具有"专业性、轻资产、高成长、高不确定性"的特征，服务轻资产、成长期的科技创新型企业与银行传统信贷方式存在偏差。在创新驱动已经上升为国家战略的背景下，金融机构要深刻认识服务科创企业的重大意义，转变科创金融理念，从关注企业盈利、实物抵押的审批模式转向关注企业科创能力（如专利获取、核心技术水平等）的模式，完善科创金融服务体系，创新覆盖科技创新全流程的综合金融服务解决方案，积极打造科创金融生态圈。

开展绿色金融创新，缩小城乡和区域差距

绿色金融在生态农业、乡村振兴、扶贫减贫领域发挥了重要作用。在农业领域，绿色金融能够支持农业实现可持续发展，是农业供给侧改革的重要支撑；在乡村振兴领域，绿色金融可以帮助企业绿色低碳转型，增加农村就业和农民收入；在扶贫减贫领域，绿色金融可充分发挥一些欠发达区域的资源禀赋优势，将传统生产方式与新生业态进行无缝对接，帮助农民增收致富，缩小区域差距。可见，绿色金融在促进共同富裕领域大有可为。对金融机构来说，要构建包括绿色信贷、绿色基金、绿色债券、绿色租赁、绿色理财、绿色资产证券化等在内的综合绿色金融体系，通过绿色金融解决发展痛点，助力缩小城乡差距、区域差距和收入差距。

推广公益金融创新，丰富金融的精神文明内涵

金融助力共同富裕不能停留于通过高质量发展创造更多的财富，更要着力解决现存资源配置中的不均衡问题。金融已深度参与初次分配、再分配并发挥重要作用，在第三次分配中同样不可或缺。公益金融作为"公益"与"金融"的跨界融合，把金融的工具引入公益事业，是区别于传统金融模式的新型金融模式，也是共同富裕场景下新生活方式、新文明形态的专业表达。金融机构要深刻理解公益金融服务的内涵，以"公益"为出发点和落脚点，以社会整体效用最大化为目标，丰富完善公益金融产品和服务工具，创新"财富升维"机制，形成社会价值共创生态。一是加强公益金融服务试点创新，积极开展股权慈善信托、公益基金会、专项基金等创新试点，逐步形成可复制、可推广的标志性成果。二是加强公益资管服务创新，加强行业保值增值能力建设，通过资产保值增值实现资金来源的多元化，为第三次分配促进共同富裕提供坚实的基础。三是打造公益金融创新基地，完善影响力投资生态体系建设，以金融创新、投资扶持的方式促进青年创业和社会创新，做好典型经验总结和推广。如浙商银行在公益金融上做出了卓有成效的创新，作为浙江省金融顾问服务联合会会长单位，浙商银行立足公益，积极开展金融顾问制度，推动省、市、县三级金融顾问队伍建设，预计2022年年末浙江全省金融顾问人数将达2 000人。金融顾问制度使金融专业人士走出牌照限制，通过融资融智，提供一揽子整体金融服务方案，打通单一金融机构壁垒，把金融资源配置到更需要它们的地方，为金融供给侧结构性改革提供浙江实践和样板。目前，四川、山东、北京、上海等多个省市已来浙调研、借鉴，金融顾问制度不断从试点走向更大范围的推广。

参考文献

[1] 陆建强. 善本金融：社会价值视角下的金融范式变革［J］. 中国金融，2023（15）.

[2] 陆建强. 善本金融：金融助力企业家善行的路径探索［J］. 中国银行业，2023（10）.

[3] 陆建强. 金融顾问制度的探索与实践［J］. 中国金融，2022（09）.

[4] 陆建强. 共同富裕的价值内核与金融创新支持路径［J］. 中国银行业，2022（09）.

[5] 陆建强. 共同富裕、公益金融与企业家财富升维［J］. 浙江金融，2022（04）.

[6] 陆建强. 回归金融初心　推进金融向善　提升金融的政治性和人民性［J］. 中国银行业，2023（03）.

[7] 陆建强. 以善本信托助企财富升维［J］. 中国金融，2024

（01）.

［8］陆建强. 数智金融的三大创新服务场景［J］. 中国金融，2023（07）.

［9］陆建强. 利用改革红利支持小微企业发展［J］. 中国金融，2023（05）.

［10］罗伯特·希勒. 金融与好的社会［M］. 束宇，译. 北京：中信出版社，2012.

［11］托马斯·皮凯蒂. 21世纪资本论［M］. 巴曙松，等，译. 北京：中信出版社，2014.

［12］杰里米·巴尔金. 影响力投资［M］. 黄延峰，译. 北京：中信出版社，2017.

［13］奥利弗·E. 威廉森. 治理机制［M］. 北京：中国社会科学出版社，2001.

［14］白钦先，谭庆华. 论金融功能演进与金融发展［J］. 金融研究，2006（07）.

［15］袁康. 金融福利法：金融法学研究的新领域［J］. 武汉科技大学学报（社会科学版），2016，18（06）.

［16］周小川. 区域金融生态环境建设与地方融资的关系［J］. 中国金融，2009（16）.

［17］瑞斯托·劳拉詹南. 金融地理学［M］. 孟晓晨，译. 上海：商务印书馆，1999.

［18］王曙光，等. 金融伦理学［M］. 北京：北京大学出版

社, 2011.

[19] 邹力行. 金融社会化和社会金融化 [J]. 科学决策, 2011 (03).

[20] Coase, R. H. The Nature of the Firm [J]. Economics, 1937 (4).

[21] Coase, R. H. The Problem of Social Cost [J]. Journal of Law and Economics, 1960.

[22] Clarke, Xu, Zou. Finance and Income Inequality: Test of Alternative Theories [C]. Word Bank Policy Research Working Paper, 2003.

[23] Greenwood J, Jovanovic B. Financial Development, Growth, and the Distribution of Income [J]. The Journal of Political Economy, 1990.